先別急著吃房仲送你的棉花糖

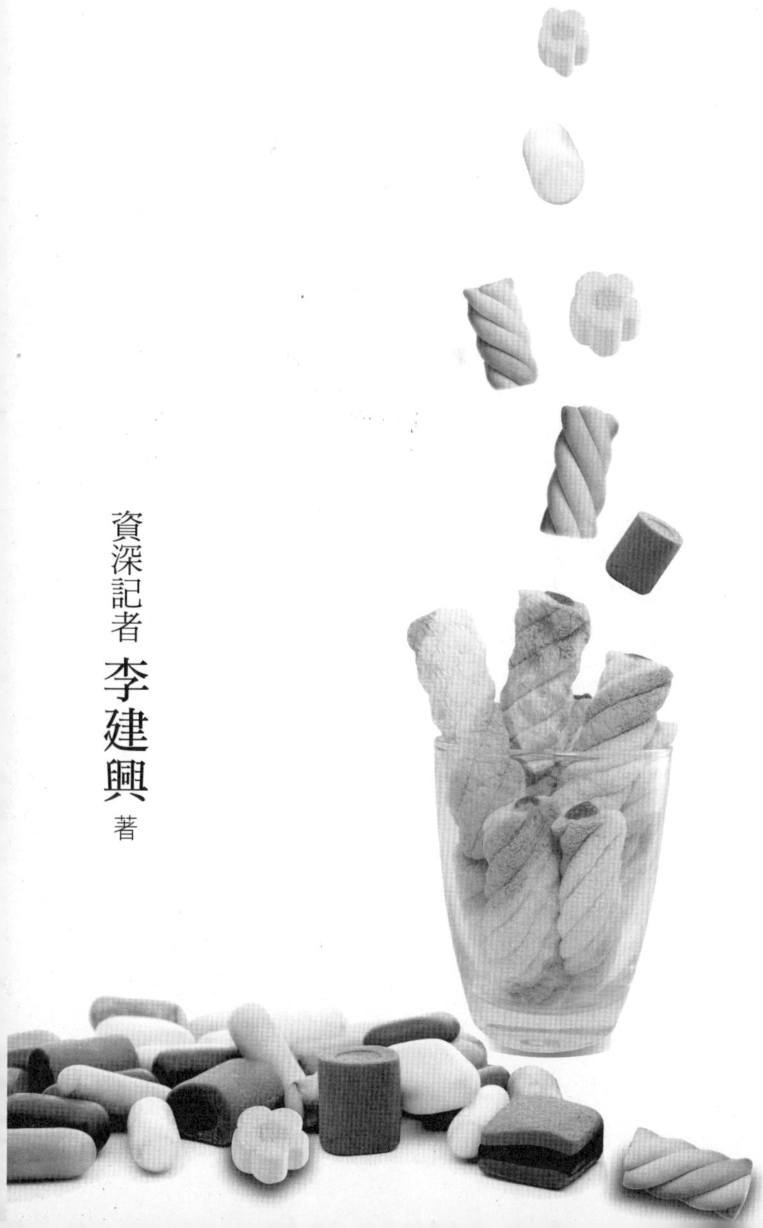

資深記者 李建興 著

自序：
一個房市素人的告白

其實，二〇一一年底，剛接到台灣廣廈的邀約時，惶恐之情旋即而上，雖然出版社的方宗廉先生一直給我打氣，斬釘截鐵地說：「李兄，你行的啦！你寫過這麼多的房地產報導，又上電視，又當過房仲的發言人，你的經驗很寶貴啦！」但聽完後，更加心虛，我壓低聲音回他：「可是．宗廉，雖然我當了十多年的記者，但我不盡然都是寫房地產啊！坦白說，我只是個素人，只是個擁有記者身分，有機會接觸到房市達人，聽經驗、學看門道的素人罷了！」此時方先生不慌不忙地說：「就是素人才會了解素人想知道什麼？缺少什麼？」

這句話紮紮實實說服了我，讓人再也難以推拖。最主要，這讓我想起，從十年前開始買人生第一間房時，我連公設是什麼、找房仲議價還要付斡旋金……等等在基本也不過的「常識」都不了，一直到現在，每兩週都固定受邀在豪宅旗艦王……等房地產節目中談房市經。我想電視台，看中的應該正是我具有濃濃的素人味，經驗故事也都是素人的思維、素人一學就會的法則。於是，我說服自己，應該要將一個外行人的心路歷程和經驗累積告訴所有正在為「房市」煩惱的小市民。

正因為如此，二〇一二年初，我趁著轉職的空檔著手寫書時，從一開始的構想我就細細地回憶起前塵往事，回想起當初買房時想過的所有「白痴」問題，一一記錄下來，再將多年來採訪的所得，以及自己接觸房地產投資時的心得，對應相解。斟酌多時後，勾勒出這本書的輪廓樣貌。我想像，這是一本沒有艱澀的理論和操作方法，著重在觀念溝通，像是朋友與朋友間用淺顯的語彙相互打氣的書。

因為，多年來，我看過許多為買房而迷惘的素人，缺的，並不是一眼識破建商、房仲和屋主的人皮面具。畢竟，在如今這個資訊透明、消費者意識抬頭的時代，要買到價格太不合理、瑕疵太多的房子，也還真不容易，而且，道高一尺魔高一丈，就算你學會了千百招防身術，都還不如乾脆待在一個安全地帶來得保險，也就是說，在專業分工的時代，選一個有信譽、品牌良好的建商、房仲，請專業人士幫你看頭看尾，提供你諮詢，購屋後又有售後保障，其實會還來得更實際些。

難就難在，購屋的迷思往往在於建商、代銷和房仲無法誆你的地方。花了終身的積蓄買房，最怕的就是買了一間根本不適合你的房子，所以，在我認為，買房子，最大的騙子，其實是你自己。因此，我最想分享給大家的是，如何找到一個適合自己需求、能力、用途和人生各階段的好房，這對於身經百戰的投資高手而言，或許太膚淺，但就素人而言，還頗為受用。

當然，在看房時，基本的防身術還是要有，所以我也花了些篇幅介紹一些檢視屋況和交易時的基本眉角，讓你真的遇到房市老千時，不至於渾然不覺。只是，這麼多年來，我聽到許多讓購屋者後悔、懊惱的，多半是，當初應該早點買、應該買在某某地方、應該如何如何操作較好……購屋紛爭固然是有，但多半不是最痛的，所以本書著墨不多，還請各位看官海涵。

總之，這本書很閒話家常、很common sense，但卻希望能打重所有購屋者的要害，對各位有所幫助！

目錄

CONTENTS

前奏曲　思路清楚，按部就班買對房　14

——就算菜鳥一個，這些步驟也能讓門外漢不吃眼前虧

首部曲　紮穩馬步，前置功夫先做好　20

——就算傻傻買房，這些觀念任誰都不能傻傻分不清楚

第1章：學會買房前最必備的常識　22

——媒體專家名嘴這麼多，該怎麼看

第1節：什麼！看電視也能學購屋！　23

第2節：小心！別被媒體給唬住了！　26

第3節：注意！歷史故事也是明燈！　28

第2章：扭轉購屋時最常犯的迷思　34

——問天問地問專家，倒不如先問自己

第1節：告訴我！你到底居心何在？　35

第2節：看遠點！你的人生這麼長！　39

第3節：想想看！你究竟想要多大？ 43
第4節：拜託你！別再作繭自縛！ 46

貳部曲

精打細算，市場情勢別輕忽 50

——就算世事難料，這些原則也能掌握住天時地利人和

第3章：掌握天時，方向對了比什麼都重要 54
第1節：讓你賺一輩子的購屋良辰吉時！ 55
第2節：讓你第一次買房就上手的撇步！ 58
第3節：讓你越換越幸福的換屋大妙招！ 61
第4節：讓你成為現代員外的不傳之秘！ 65
第5節：讓你當上學生心中的熱門房東！ 75
第6節：讓你的好房叫上班族排隊苦等！ 77
第7節：讓你光靠好店就能獨霸商圈！ 79
第8節：讓你步上暴富之路的房市買賣！ 82
第4章：站穩地利，屋型對了住起來更幸福 90
第1節：房屋年齡不同，各有巧妙玄機！ 91

叁部曲

第2節：大樓氣宇非凡，生活設施齊備！ 96

第3節：公寓春光宜人，購屋價錢親民！ 99

第4節：套房短小精幹，單身貴族最愛！ 102

第5節：透天地大物博，地產價值最高！ 104

第6節：工業住宅便宜，隱藏風險宜慎！ 106

第5章：講究人和，貴人來了買房時事半功倍 108

第1節：那些年，我們曾遇過的仲介 110

第2節：那些話，我們曾被意亂情迷 116

第3節：那一次，我們曾卡在斡旋金 120

第4節：那一回，我們曾因訂金翻臉 125

第5節：那一晚，我們差點夫妻失和 126

看屋訣竅，破解房況不求人 130

——就算包裝再美，這些眉角讓任何缺點全都無所遁形

第6章：培養看地段的眼光及時機 134

第1節：好眼光，看對好地段！ 135

C O N T E N T S

第2節：好時機，摒除壞屋況！ 139

第7章：拿捏好社區的常識及項目 142
第1節：為什麼我能住的比買到的小？ 145
第2節：為什麼地段不同價值大不同？ 149
第3節：為什麼別人的社區什麼都有？ 151
第4節：為什麼我的鄰居都不好相處？ 156
第5節：為什麼停車位到處都是陷阱？ 158

第8章：檢查中古屋的細節及原則 162
第1節：2大細節，再舊的屋況也不吃虧！ 164
第2節：注意通則，大樓管道間原型畢露！ 167
第3節：掌握規定，頂樓加蓋放心購買！ 168
第4節：看穿秘密，陽台外推真讓人傷神！ 171
第5節：聰明措施，不怕屋漏又逢連夜雨！ 176

第9章：看圖辨真章的技巧及奧妙 178
第1節：室內裝潢的好幫手—格局圖 182

C O N T E N T S

肆部曲

第2節：住戶密度的真面目─樓層規劃圖 187
第3節：社區環境的情境秀─空間設計圖 189
第4節：坪數真偽現形記─建物測量成果圖 192

第10章：下訂到交屋的步驟及風險 196
第1節：別傻傻地急忙下訂 198
第2節：別懶懶地沒看文件 200
第3節：別笨笨地急著畫押 203
第4節：別快快地接收房子 208

財務計畫，拒成房奴最首要 212
──就算荷包再瘦，這些準則都能讓你和沈重的蝸牛說拜拜

第11章：論價格，拿捏最精準的行情價 216
第1節：別以為建商說的未來有多好 217
第2節：別以為店頭貼的行情很真實 222
第3節：不要讓建商多賺你好幾筆！ 225
第4節：不要讓賣方把你當成盤仔！ 229

第5節：莫輕忽房價透明的新政！ 232
第6節：莫膨脹實價登錄的效能！ 234
第7節：莫忘懷實價登錄的優點！ 238

第12章：論貸款，爭取最有利的好房貸 242

第1節：影響房貸的經濟情勢 244
第2節：左右貸款額度的關鍵 246
第3節：順利籌到資金的良方 248
第4節：利率調整的箇中奧妙 256
第5節：房貸搬家的利弊得失 260

第13章：論稅賦，掌握最無形的潛成本 266

第1節：先搞懂買房萬萬稅之本—公告現值 267
第2節：看一看每年必繳的稅—房屋稅 272
第3節：別忽略買賣房屋的稅—契稅 278
第4節：弄清楚另一個固定稅—地價稅 279
第5節：快學會讓荷包不失血—節稅法 283

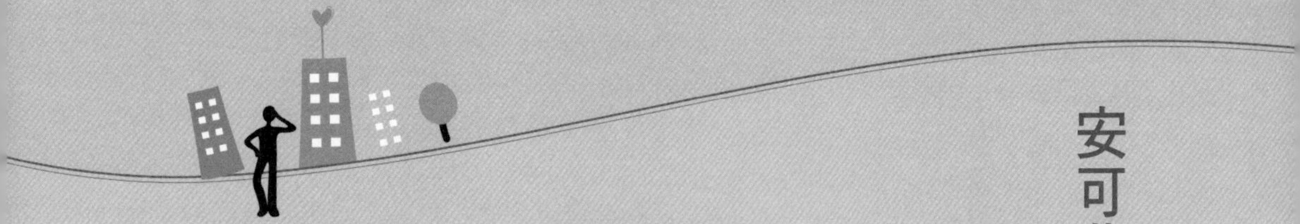

安可曲

焦點解析，熱門住宅全攻略
——就算難度再高，這些訊息輕鬆破解時下最主流屋型 288

第14章：捷運、捷運你的名字叫保值 290
第1節：19條路線陸續出爐，開創捷運新時代！ 292
第2節：誰說捷運都一樣值錢，4大因素定命格！ 297
第3節：不要誤飲捷運迷魂湯，4大迷思要化解！ 304

第15章：都更、都更你的心情叫等待 310
第1節：期盼價格翻倍—都更的誘因 312
第2節：假如我是王家—都更的風險 315
第3節：別再遇到王家—都更的要訣 317

前奏曲：
思路清楚，按部就班買對房

私房小語：
就算菜鳥一個，
這些步驟也能讓門外漢不吃眼前虧

有個節目邀我去談小市民第一次買房的眉眉角角和撇步，由於現在的製作單位很重視內容的流暢性，以及來賓講話有沒有「梗」，因此早在錄影的前一個禮拜，執行製作Andy就提前跟我RAY稿，沒想到認真的他，跟我一RAY就是三個多小時，由於這不但是我所對過最久的一次腳本，也可說是和一個陌生人討論買房經最細的一次，至今我仍難以忘懷。

除了談話的時間久到讓電話費爆錶外，其實最讓我印象深刻的是Andy和我的討論內容！由於Andy是一個剛退伍不久的社會新鮮人，自己就有買房的需求，因此電話中他也是在為自己問問題。首先在一陣寒喧後，Andy就如連珠炮似地拋出一連串的疑問，也是準備放在各PART的主題，「李大哥，對第一次購屋的人，你建議買哪個地段才會增值？」「買房要怎麼殺價以及要殺幾成才好？」「看房的時候，要帶什麼工具最好，如乒乓球、礦泉水……？」

在聽完問題後，我先是愣了十秒鐘，後來終究忍不住地回說：「我答不出來吔！」這時Andy用十分錯愕的口吻問：「是我講得不清楚嗎？」而我則回他：「Andy，很清楚，而且也是一般第一次買房的人會有的疑問。但，要買哪裏？不是要看自己的狀況嗎？能殺幾成，也不是我說了就算！而我更不懂的是，為何看房不帶家人和有買房經驗的人，要帶乒乓球和礦泉水？」

當下Andy應該覺得我很機車，他問的不就是一般房地產達人在談話性節目會談的教戰守則嗎？我不想答就算了，幹嘛還裝不會！？於是他更用力地把代表首購族的他，最想知道的答案更細膩地傳達了一次，但我們始終對不上譜，到最後Andy只好問：「那，李大哥，你認為要對第一次買房的觀眾說什麼才好？」

「我最想提醒第一次買房的人要先『認識自己』！」我娓娓地跟他說，買哪個地段，要看購屋者有能力或需要買哪裏？否則若要增值，買台北市大安區最好，環境好又一定抗跌甚至會大漲，但，你叫一個月薪幾萬元，而且生活圈都在外縣市的首購族買這兒幹嘛？另外，不同的區域議價空間不同，所以這也是因地制宜。而對於第一次看房子的人，要注意的事太多，去思考如何找到合適自己的好房，遠比汲汲營營去看房屋的破綻來得重要多了。畢竟，找到好建商和好仲介，藉由他們的專業和信譽把關，遠比拿乒乓球測試房子有沒有傾斜實際得多，你想想，你能有多少機會，看到一間讓球滑動的問題屋？「這不是不可行，只是對於第一次買房的人，比起知道自己要住？該住什麼房來說，已經很次要了！」

我冒著被退通告的風險，苦口婆心地跟Andy說，像他這樣的首購族最應該省視的是自己對於房市大環境的了解、人生的規劃、目前的財務以及買房的目的，重點在於該怎麼思考和規劃，操盤的技巧和手法，是在後段了。因為買房子就和選老婆一樣，跟誰在一起會開心，自己最清楚。房市專家能夠說的，其實和兩性專家一樣，是挑選的大原則，但適合專家達人的，未必適合你。

而顯然Andy到最後應該有被我洗腦成功，心悅臣服的把節目架構改成需求評估、財務評估以及破除迷思等三個PART，而最後也順利錄完播出。

雖然我不知道收視率如何，但我至今仍然堅持觀念的釐清比技巧的操作來得重要，也因此，著手寫這本書時，我把如何想，擺在如何做的前面，結構上共分為四個部曲（相當於四步驟）和一個番外篇，分別是買房前應紮穩的馬步，也就是學會該具備的觀念和知識，第二步則是精準地拿捏自己的需求，找到能相對應的房型，到了第三步才是看屋時要注意的眉眉角角，而一切就續後，才是和錢有關的第四步，好好思考要怎麼做？才能備足銀彈，把看好的好房輕鬆買進。至於，番外篇，我則是對於比較受人矚目的屋型，如捷運屋、都更屋進行細解。

希望循著這些步驟，能幫你買到好房。

到預售中心看屋 → 議價 → 下訂（約總價款三至五%） → 買賣契約五至三十天審閱期 → 簽約（繳簽約金，約總價款五%） → 付開工款（約總價款三至五%） → 繳工程款(約總價款一五%分二十四至三十六期按月繳) → 利用「客變期」變更設計 → 申請房貸 → 銀行對保 → 完工 → 完稅 → 驗屋 → 付代墊款、客變加減帳和尾款（約總價款七〇%，通常為銀行放貸） → 過戶 → 點交權狀後交屋

看實品屋看屋 → 議價 → 下訂（約總價款三至五%） → 買賣契約五至三十天審閱期 → 簽約（繳簽約金，加上訂金得達總價款一〇%） → 用印付開工款（約總價款一〇%） → 申請房貸 → 銀行對保 → 完稅（約總價款一〇%） → 驗屋 → 繳尾款（約總價款七〇%，通常為銀行放貸） → 過戶 → 點交權狀後交屋

找房仲看屋 → 議價 → 斡旋（付斡旋金，金額與仲介議定，約為總價的一至三%） → 下訂（加上斡旋轉訂金的部分，合計約總價款三至五%） → 買賣契約五至三十天審閱期 → 簽約（繳簽約金，加上訂金得達總價款一〇%） → 用印付開工款(約總價款一〇%) → 申請房貸 → 銀行對保 → 完稅（約總價款一〇%） → 驗屋 → 繳尾款（約總價款七〇%，通常為銀行放貸） → 過戶

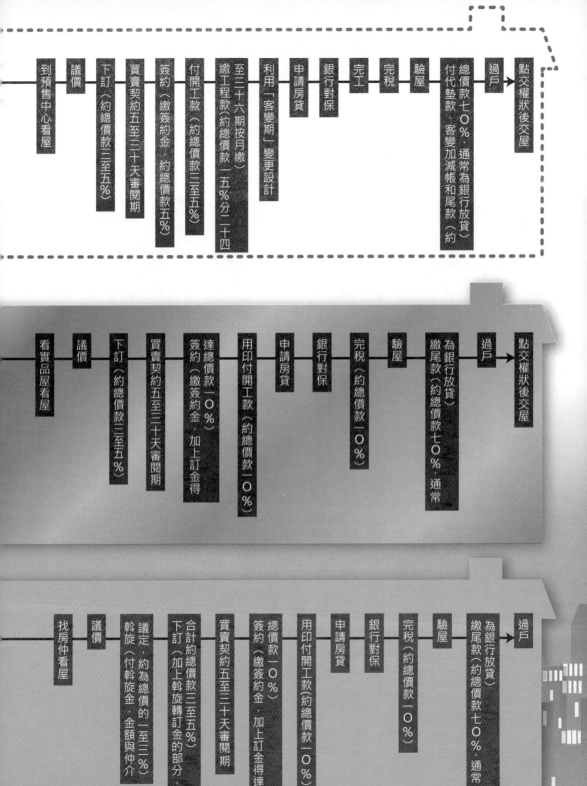

按步驟買好房

粗淺了解當下房市的情勢和知識

→ 思考自己需不需要買房

→ 想想買房的目的（自住、換屋、投資、包租）

→ 明瞭適合的屋型（預售、中古、新成屋；大樓、公寓、透天、套房……）

→ 找有信譽口碑的建商或房仲

→ 預售屋

→ 新成屋

→ 中古屋

首部曲：
紮穩馬步，前置功夫先做好

私房小語：
就算傻傻買房，
這些觀念任誰都不能
傻傻分不清楚

「怎麼辦！我對房地產一竅不通，還要砸上幾千幾百萬的身家老本來買房，想到就胃痛！我很怕，會作錯決定，我更不知道到底能問誰？……」想必，只要第一次接觸到房地產的人，內心一定都曾有過如此恐慌的吶喊，誰叫買房不像買名牌包、買車子，決定錯了，忍個一陣子，很容易就得過且過了，房子一但選錯了，後悔一輩子不打緊，龐大的支出，恐怕也會拖累你一輩子！

但房地產真的這麼深奧嗎？回想起我從多年前因自己要結婚買房而第一次接觸到房地產，至今能出書上電視談房市，問我怎麼學到房產知識的？我其實跟你一樣，都是藉著看媒體報導和到處聽專家分析，再匯整而來的，畢竟時下的電視、報紙、雜誌和書籍談房市的真的太多，訊息多到都「漫出來了！」，再加上，人可以不用買基金、買股票、買黃金，但一定要住房子，因此在你的生活圈內，恐怕跟你談「買房經驗」的比談「性經驗」的多吧！只是你一直忽略了，房地產其實是個很生活化的商品，所以要學會買房看房，遠比你想像中的簡單多了！因此，每當有人稱我為專家，我都會臉紅，因為，我會的，你其實也會！差別就在於，在眾說紛云中，什麼訊息該牢牢記住？什麼又該當馬耳東風？要怎麼才不會被人唬住？另外，人往往忽略了要住在裏面的其實是自己，資料蒐集了一堆，建議問了一堆，就是忘了尊重自己的需要……

的確，買房的首部曲，是該先培養一些對於房地產的基本觀念，這包括得具備的基本常識以及破除購屋的迷思，記住，這是很切身的觀念而不是硬梆梆的知識，想清楚了，就算傻傻買房，也不用耽心喔！

第1章 學會買房前最必備的常識

——媒體專家名嘴這麼多，該怎麼看

出門都要看日子，何況是買房子。尤其對於購屋人來說，誰不希望買到又便宜、品質又好的房屋！？但偏偏房地產往往是獨一無二的，同一棟大樓不同樓層行情不同，就算同一層也因為座落位置不同而有差異，甚至即使同一間房子，不同時機也會因為時機點不同而價值南轅北轍。

不過，房地產儘管細節、眉角很多，但通則更多！在浩瀚的房市中，還是有一些「異中求同」的原則及知識，而這就成了進入房地產這個大宅院裏的敲門磚了。或許我自己就是媒體人，再加上看新聞真的很簡單，因此我十分建議，從媒體學會房地產是最快的，只是這其中有些技巧要注意。

第1節：什麼！看電視也能學購屋！

其實目前媒體上房地產的訊息相當多，所以，看電視也能學購屋喔！但對你有用的就是那幾個，除了最直接相關的房價、房貸利率、房屋政策以及區域和建案訊息外（我們另篇細談），由於房地產往往和國家或區域的發展息息相關，總體經濟的趨勢，都深深地牽動房地產的走向，這也就成了名嘴、專家預判未來房市走向的指標。以下列舉房市名嘴們，最常拿來賣弄專業的經濟數據，聰明的你，下次在看新聞時，可得要特別注意喔！

壹、通貨膨脹

簡稱通膨，**指的是整體物價水準相對特定數額貨幣（購買力）持續上升的狀態**，也就是同樣的物品，我們得用更多的錢才能買得到，所以每當通膨時期，我們都會覺得「錢（指的是貨幣）變薄了！」。

而微妙的是，在錢越來越薄之際，耐久好用物品就相對保值了，因此像黃金、房地產就成了通膨時代的熱門商品了。換言之，通貨膨脹時會有助於房市發展。

貳、住宅自有率

指房屋所有權為自有者比率。如果**住宅自有率越高，表示當地人民對房子的需求也較**

低，此可以用來判斷房地產的供需狀況。

參、股市指數

股市看似與房市無關，但股市熱絡代表該國的資金活絡、經濟產業前景看好，這往往會帶動房地產的購買力。

肆、GDP

國內生產總值（Gross Domestic Product，簡稱GDP），也稱為國內生產毛額或本地生產總值，指的是一個國家或地區內在一段特定時間（一般為一年）內所生產的最終商品和服務的市價。GDP若升高，代表國民的收入較高，於是投資置產的能力也較好，會帶動一地的房市。

伍、家戶所得

有別於GDP指的是每位國民的平均收入，家戶所得統計的則是每戶家庭的狀況。由於消費者購買住宅往往是以戶為購買基準，因此觀察家戶所得更能看出其與房市的關連性。而近來，常聽媒體報導台北市的房子要幾年不吃不喝才買得到，用的就是房子總價除以家戶所得而求出的倍數，如房價一千萬，而台北市每年家戶所得一百萬，就代表台北人得十年不吃不喝才能買到房子。

陸、失業率：

就業狀況與小市民的收入最息息相關，也關係到民眾到底買不買得起房子，付不付得起房貸，於是失業率高低，當然會影響到房市走向。

柒、營造工程物價指數：

所謂的營造工程物價指數調查的對象包括砂石、預拌凝土、金屬製品、鋼筋、型鋼、鋼板，不含金屬製品類總指數及其年增率。而這分調查基準是以二〇〇六年為基期，如果數據低於一〇〇，表示該年營造工程物價比較便宜，相反的就是比較貴。由此可以看出，目前的營建成本高低，可以拿來判斷房屋造價成本，而一但房屋造價成本變高，建商興建房屋當然會墊高開價以求回本，房價自然會升高。

■ 你最該注意的房市4率

項目	對房市的意義
經濟成長率	經濟穩定成長，有助提升購屋能力及購屋信心，對房屋市場有正面效益，是適當的購屋時機。
銀行利率	假設中長期的市場利率預期調降，除了直接反應貨幣供給充沛外，也表示購屋成本的降低，對房屋市場有加溫作用的，反之，若利率上升，則勢必會對房產造成負面影響。
人口成長率	房地產往往跟一地的區域發展相當有關，因此當人口持續成長時，表示房地產的需求增加，自然會帶動房價增值。
房屋市場供給率	這可從市場空屋率、住宅存量、推案量以及住宅自有率等數據交叉驗證，空屋壓力一旦升高，會造成房市不振，也代表轉手難度升高。

資料來源：作者整理

第2節：小心！別被媒體給唬住了！

「天哪！媒體的房產資訊千百樣，看得我頭都昏了，而且每家講得都不同，我該相信誰？」相信許多人都有這樣的困擾，畢竟媒體與建商為了新聞張力達到宣傳效果，會不斷地強調極端的房市訊息。就拿露出在報章雜誌上的房價新聞來說，多半是打破紀錄的新聞。以台北為例，媒體就喜好報導豪宅行情，而且露出的都是山頂價格，如帝寶每坪單價創三百萬元，這會讓消費者以為全台市都有上百萬行情，其實不然。而同樣的狀況發生在高雄，也是為了新聞張力，前一陣子媒體則老愛突顯北高兩市的房價價差，大肆報導高雄市的房價有多低多低，甚至跌價多少，但事實上，在高雄亦有每坪六、七十萬元的豪宅出爐，而且，也不是所有的房子都如報章雜誌所言都是十萬出頭行情。

另外，房地產的價格其實是「個案各自表述」，區域、地段、樓層和時間不同，都會干擾到房子的價格，例如同樣是台灣，方圓不過三、四百公里，南北的價差可以差到四、五倍，而同一個都市，市中心區和郊區的價差也可以是好幾成，就連同一個重劃區來說，臨馬路和臨公園的價格絕對不同，甚至就算是同一棟大樓好了，低樓層和高樓層也往往會有好幾趴甚至幾成的差異。

因此買房子，絕對不能單憑平均單價來判斷。媒體秀出的平均單價只是為了方便讀者了解區域的大致行情。此外，隨著產品別不同，平均單價也會產生誤差。如，房仲所統計的為中古屋的行情，而建商和代銷則是針對預售屋和新成屋來統計，而不管是新成屋、預售屋和中古屋，或是豪宅和平價住宅價差都很大，買屋者若用平均值來看實際房屋價值，很容易失真。值得注意的是，目前媒體所取得的房價訊息，多半是由建商或房仲所提供的，然而建商告訴媒體的多半是開價，而不是成交價，至於房仲發給媒體的中古屋平均行情，也不乏因銷售目的而「動過手腳」。

因此，媒體秀出的行情，適合來看「相對論」，也就是和過去未來作比較，來看趨勢，以及和不同區域來作比較，來看地段相對價值。聰明的你，千萬別被誤導了唷！

■ 破解房市新聞上的迷思

新聞報導	對房市的意義
信義區房價攀上每坪300萬元	通常只是某個預售案的破記錄開價，不代表全區，也不代表每個預售屋行情，甚至連最後成交價也不一定如此。
在台北買一間房可在高雄買10間	這只是突顯了兩地價差，不代表所有的台北房都能換10間高雄房，得看地段、屋齡、房型等…
根據某某房仲成交行情指出，大安10月份平均成交行情是…	各家房仲因店面覆蓋率和成交案件不同而會影響到統計數據的精準程度，此外，房仲為刺激買方進場和賣方委託銷售，會視情況調整對外公布的行情

資料來源：作者整理

第3節：注意！歷史故事也是明燈！

除了當下熱騰騰的新聞，媒體上的專家名嘴在解析房市發展時，「歷史經驗」也是重要的參考依據，也就是會以歷史的軌跡為模型，來判斷未來的走向。尤其國內的房地產，從二〇〇三年開始起漲，已走了八、九個年的大多頭，不少人耽心房地產會像股市一樣，在大漲之後定會回檔修正，但，房地產一定會和股市的模式一樣嗎？

因此，簡單了解台灣房地產的歷史軌跡，或許更更有助於第一次買房的你，了解台灣房市的發展脈絡，也更能判斷專家說辭的真偽。

事實上，國內的房地產市場有四次的景氣多空循環。首先第一波是在一九七二年至一九七四年，當時台灣正處在高經濟成長率階段，又在一九七三年時，爆發以阿戰爭，石油輸出國組織（OPEC）為了打擊以色列及支持者，實施石油禁運，造成第一次石油危機，國際油價從每桶三．六美元暴漲到九．三五美元，國內也因此出現惡性通膨，物價指數上漲四七．五％。當時台灣的投資工具很有限，於是民眾爭先恐後買進房地產保值，這使得當時的房價漲幅近一．八倍，最後房市因惡性通膨造成經濟衰退而整理，但房價未大幅回檔。

台灣的第二次房市起漲主因仍是中東危機。一九七八年石油輸出國伊朗發生政變，一九八〇年爆發兩伊戰爭，石油產量銳減，造成國際油價再次飆漲，漲幅近五成。台灣有了上次惡性通膨的經驗，政府實施鐵腕措施打壓黑市，以控制物價上漲。不過這段期間房價還是上漲了近六成。但之後因為國內經濟衰退，房地產進入空頭循環期，房市從一九八一年到一九八六進入長達六年的盤整期，但房市也並沒有重挫。

而不同於前兩次物價上漲帶動的保值性買盤，第三波房市起漲是架構在台灣的經濟奇蹟。從一九八七年台灣開始出現雙位數的經濟成長率，再加上美元兌新台幣從一：四〇長線升值至一：二十六，國際熱錢大量流入。

國際熱錢湧入，不到三年時間台股就從四六四五點一路上漲至一二六八二點，其中國泰人壽以每坪九〇萬元新高價，標下國產局位於華航旁的土地（目前為六福皇宮），一舉點燃房價漲勢，並從台北市蔓延到全國。當時台北市區房價三年漲了二．五倍。

之後因為國際油價大漲，經濟景氣衰退，再加上政府採取選擇性信用管制抑制房市，房市才又進入空頭階段。

之後由於受新台幣升值影響，台灣產業結構出現大調整，經濟成長率不再如過去般能維持高成長，房市也從一九九〇年到二〇〇二年陷入一段長達十三年的修正整理期，此為房地產最長的休眠期，房價也的確小幅修正二、三成左右。

只是在房市低迷超過十年後，政府開始放寬低利優惠房屋貸款額度，以及土地增值稅減半實施，但效果不明顯，二〇〇三年SARS事件，又將房價打到最低點。但自此之後，低利率、低稅率、低房價的三低原因，刺激出自住買盤。

第四波房市多頭從二〇〇三年下半年啟動，到二〇〇八年金融風暴時，面臨修正壓力。但二〇〇八年國民黨執政後，致力發展兩岸政策及簽定ECFA，使得台灣房地產在遭遇二〇〇八年金融海嘯，也僅僅回檔半年就開始反彈，在外資、內資及台商等三資匯集之下，台北市精華區房價已推升至國際盤，市區內豪宅還創下每坪二百萬元的高價位。

不過，由於北台灣的房價不斷攀高，民眾購屋痛苦指數攀升，成為民怨之首，政府遂喊出「居住正義」開始祭出奢侈稅等打房政策，並也讓實價登錄上線，以抑制炒作，此舉讓台北的房市終止了八連漲的態勢，從二〇一一年起開始緩漲甚至維持平盤，但台北以外的房價卻仍持續上揚。

由歷史經驗看來，台灣的房市發展，有幾項特別值得注意：

第一、房價的走勢和股市截然不同：這四十多年來，股市起起伏伏，曾經上竄至一二○○○點，但目前仍維持在七○○○多點的水位，但房價縱有盤整，卻是越盤越高，台北市的平均行情從一九七二年的每坪○．八九萬元，到目前的八十萬元左右，一路飆漲近百倍。

第二、房價短期修正幅度不大：雖然歷史上亦有四波房市回檔修正期，但與股市每每一修正就攔腰折半不同，每次頂多僅壓回個一至二成旋即強勢打底。

因此，我們從歷史的經驗幾乎可以肯定，台灣的房地產的確是很保值的！

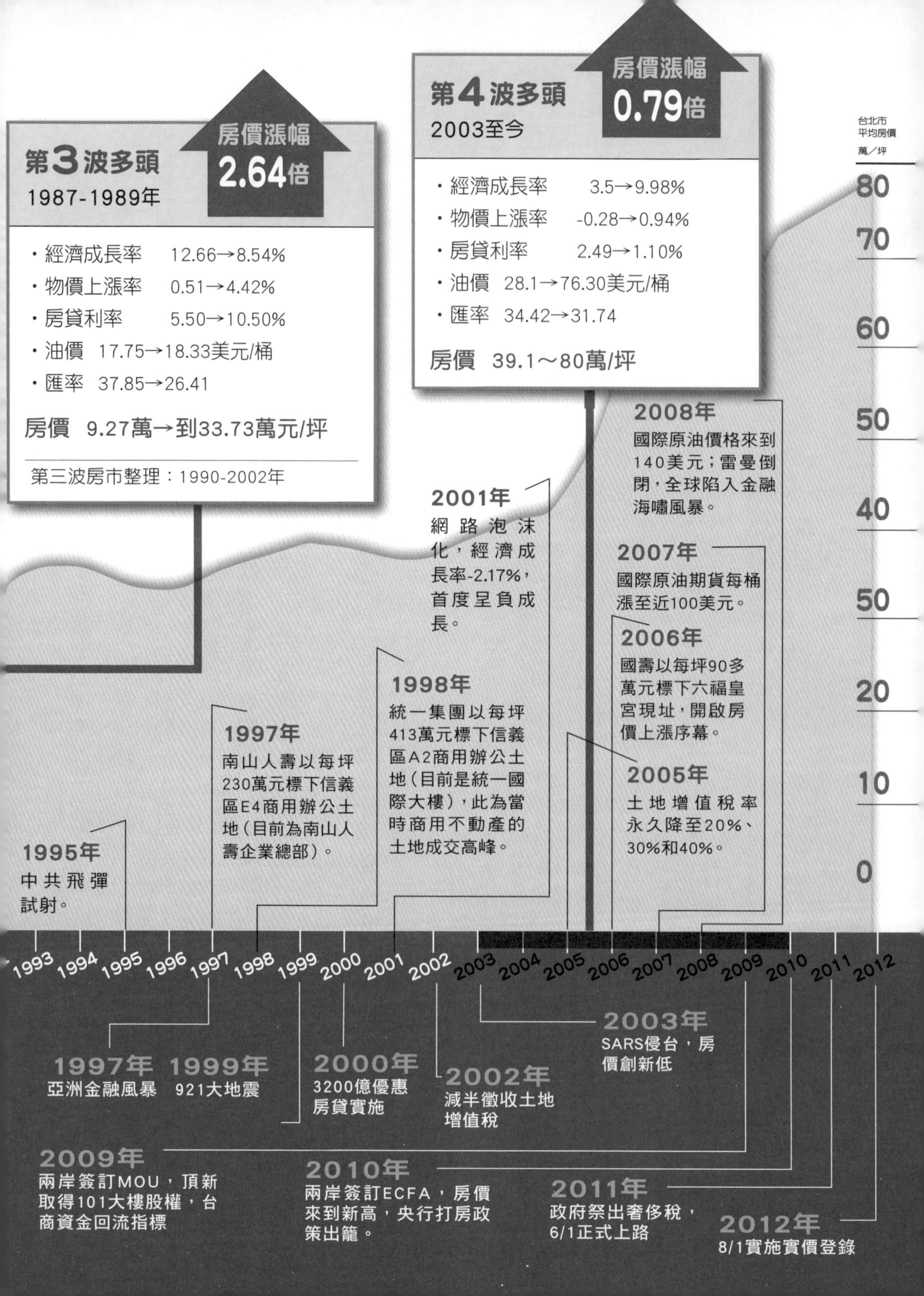
第3波多頭
1987-1989年
房價漲幅
2.64倍
・經濟成長率 12.66→8.54%
・物價上漲率 0.51→4.42%
・房貸利率 5.50→10.50%
・油價 17.75→18.33美元/桶
・匯率 37.85→26.41
房價 9.27萬→到33.73萬元/坪
第三波房市整理：1990-2002年
第4波多頭
2003至今
房價漲幅
0.79倍
・經濟成長率 3.5→9.98%
・物價上漲率 -0.28→0.94%
・房貸利率 2.49→1.10%
・油價 28.1→76.30美元/桶
・匯率 34.42→31.74
房價 39.1～80萬/坪
台北市平均房價
萬／坪
80
70
60
50
40
50
20
10
0
2008年
國際原油價格來到140美元；雷曼倒閉，全球陷入金融海嘯風暴。
2001年
網路泡沫化，經濟成長率-2.17%，首度呈負成長。
2007年
國際原油期貨每桶漲至近100美元。
2006年
國壽以每坪90多萬元標下六福皇宮現址，開啟房價上漲序幕。
1998年
統一集團以每坪413萬元標下信義區A2商用辦公土地（目前是統一國際大樓），此為當時商用不動產的土地成交高峰。
1997年
南山人壽以每坪230萬元標下信義區E4商用辦公土地（目前為南山人壽企業總部）。
2005年
土地增值稅率永久降至20%、30%和40%。
1995年
中共飛彈試射。
1993
1994
1995
1996
1997
1998
1999
2000
2001
2002
2003
2004
2005
2006
2007
2008
2009
2010
2011
2012
2003年
SARS侵台，房價創新低
1997年
亞洲金融風暴
1999年
921大地震
2000年
3200億優惠房貸實施
2002年
減半徵收土地增值稅
2009年
兩岸簽訂MOU，頂新取得101大樓股權，台商資金回流指標
2010年
兩岸簽訂ECFA，房價來到新高，央行打房政策出籠。
2011年
政府祭出奢侈稅，6/1正式上路
2012年
8/1實施實價登錄

1972~2012
台北市房地產
台灣產業縮影

第1波多頭
1972-1974年

房價漲幅 1.80倍

- 經濟成長率　13.3% →1.38%
- 物價上漲率　3.01%→47.50%
- 房貸利率　11.25%→14.75%
- 油價　3.6→9.35美元/桶
- 匯率　40.00→38.00

房價　0.89萬→2.49萬元/坪

第一波房市整理：1975-1979年

第2波多頭
1979-1980年

房價漲幅 0.64倍

- 經濟成長率　8.44→7.36%
- 物價上漲率　9.76→19.01%
- 房貸利率　13.50→14.50%
- 油價　25.10→37.42美元/桶
- 匯率　36.00→36.00

房價　4.62萬→7.61萬元/坪

第二波房市整理：1981-1986年

1987年

國壽以每坪90多萬元標下六福皇宮現址，開啟房價上漲序幕。

1972 1973 1974 1975 1976 1977 1978 1979 1980 1981 1982 1983 1984 1985 1986 1987 1988 1989 1990

1989年

為抗議高房價，民間發起「無殼蝸牛運動」，夜宿忠孝東路。

1990年

股市從1268

挫至2485點

資料來源：作者整理

第2章

扭轉購屋時最常犯的迷思

——問天問地問專家，倒不如先問自己

有一天，多年不見，當兵時的同梯仔說要約我出來聚聚，其實最主要是希望我為他目前正面臨的「房市」問題解惑。寒暄幾句後，他就如連珠炮地拋出以下的問題，「現在該不該買房？」「我只習慣住在台北市，要買哪個地段最好啊？」「雖然我現在沒有女朋友，但既然要買，總得也要考慮到學區吧！？」還來不及回答時，同梯仔立刻又自問自答，「算了，反正貸款這麼簡單，買錯了當投資好了，反正貸款繳不出來，頂多就法拍！」

一聽完，我靜默了數秒，很想擠出一些建議，但最後還是忍不住地說：「同梯仔，不是我不幫忙，你不覺得這些問題，你比我都還清楚啊！」這並不是我的推拖之辭，雖然同梯仔問的是許多人共同的疑問，但他所提及的，都是很個人的狀況，只有自己才最了解什麼房子最適合他，我實在愛莫能助。

唯一替他耽心的，是他對於「買房」這檔事的誤解，諸如沒問過自己到底需不需要？沒想過自己的現在和以後？沒評估過自己的能力，夠買多大、多貴？…於是，那場聚會，我所做的，就是聽完他個人的狀況，扭轉他的，不！其實是一般購屋者都會陷入的迷思，幫他認識自己，並協助他重新考慮所有所有該考慮的事。我只能說，房地產就是人生的另一種縮影，問天問地問專家，真的倒不如先問自己！

第1節：告訴我！你到底居心何在？

在中國人「先成家後立業」以及「有土斯有財」傳統包袱的制約下，再加上近年來無論是建商或房仲皆不斷地以「租不如買」的口號來刺激房市，讓許多人都認為「結婚成家（長大獨立）一定得買房子」，但這偏偏就是台灣會有那麼多「房奴」的主因。

事實上，「房子」應該是拿來「居住的工具」而不是「人生的目的」。因此，任何人要買房子前，我都建議要先問自己，買房子要幹什麼？只是要住嗎？還是有其他的目的（譬如也有理財或投資增值的目的）？

倘若，你的答案只是單純地「自住」，我的想法是，買房子未必是唯一的選項，租個好房，其實就已經能滿足「住的需求了」。尤其在全球化的現代，人們的生活和工作變動都很大，工作地點一下子台北、一下子高雄，甚至老闆一聲令下，你就得連夜趕到上海，一待待個五年十年的，這時，買房成為包袱，租房子反而能保留你高度的機動性，讓你輕鬆地「逐工作而居」，不受地域限制，揮灑自如。

另外，當下建商廣告最愛以月租金高於月房貸支出而提出「租不如買」的訴求，但提醒大家，買房子有許多看不見的隱性成本，如每年固定的地價稅、火險、地震險、管理費和自備款所少收的利息，再加上房子有折舊的風險，這些都應該一併計入才精準，而這卻是租屋族所不用承擔的。

因此「人生一定要買房」，是許多人共同的迷思，而到底買好？還是租好？建議可問自己以下四個問題：

壹、你打算在這間房子住多久？

如果你所看中的房子，依現階段的人生規劃只會住個四至五年，甚至更短，建議先租房子吧！畢竟除了購屋的款項外，還得支付包括仲介、裝潢、交易稅費等，這對於短期間就要賣房子的人很不划算。

貳、你現在的工作很穩定嗎？工作地點會很固定嗎？

工作如果不穩定，只是一人飽全家飽的單身家庭，工作地點變動性較高，或者是為了結婚可能得遷居，租房子反而會適合這一過度期。

參、你精算過到底租房還是買房的費用哪一個較高了嗎？

在利率低檔時期，很多人會覺得每月房貸負擔與房租差不多，但買房子常會衍生一些租房所沒有的成本，如房屋稅、地價稅、管理費和維護成本，所以買未必比租划算喔！

肆、買了房，你還有錢作其他投資嗎？

人生除了買房往往有許多重要的投資行為，如旅遊、換車、生子等，所以買房前得盤算手上的備用資金夠不夠，切勿因買房而一次梭哈，犧牲了其他的人生規劃。

但相對的，假設房子對你而言，不僅是拿來安身立命的而已，而是想藉由房子保值，甚至能增值，順便達到存錢理財的目的，那麼，我就真的十分建議要買房了，畢竟時下的理財商品，很少像房地產一樣，既能充分利用，又能保本盈泰的。只不過，是自住多一點還是投資多一點？雖然一般來說，兩者都可兼顧，但孰輕孰重，將深深地左右所選擇的房型、地點和時機，因此，買房前，「告訴我！你居心何在？」

■ 買屋好還是租屋好？

項目	買屋	租屋
優點	1. 歸屬感：房子是自己的，有安定及歸屬感，不必擔心被房東趕。 2. 自主性：可隨心所欲裝潢，買家具也不會覺得浪費。 3. 能儲蓄：付房貸等於在無形間幫自己存下房子。 4. 增值性：只要買對，房子多半能保值或增值，可提昇個人財富。	1. 彈性大：可依喜好、工作和家庭成員隨時隨地更動。 2. 壓力輕：在預算有限下，仍能進住精華地段。 3. 成本低：不用支付額外的稅賦和房屋修繕等費用。 4. 風險低：不必擔心房價變動或買貴套牢
缺點	1. 變現性低，人生的資產容易卡住。 2. 進入門檻較高，需準備一大筆頭期款。	相對於付房貸能存房，付房租卻是單純的消費，沒有為自己留下東西。

資料來源：作者整理

■ 租真的不如買嗎？你常忽略的額外房屋成本

項目	費用	發生時間
貸款	本金＋利息	每月
房屋稅	自用住宅：房屋現值 1.2% 非自用：房屋現值 2%	每年 5 月
地價稅	自用住宅：公告地價 0.2% 一般用地：公告地價 1～5.5%	每年11月
火險、地震險	每年 2000～3000 元，夾帶在貸款	不定
印花稅、契稅、增值稅、代書費	約 1 萬多元	買賣時支付

資料來源：作者整理

第2節：看遠點！你的人生這麼長！

擁有一個屬於自己的窩，得以擋風遮雨、安身立命甚至聚氣生財，照理說，應該是人生的一樁美事。但倘若卸下這層美麗的外衣，現在的你，尤其是在歷經不景氣、失業、收入縮水等威脅，而飽受風霜的你，還是主宰一切的主人嗎？抑或只是被房貸壓得喘不過氣，努力填平資金缺口，以確保身「家」安全的奴隸？

許多人平日生活不奢侈、沒有過度消費，只因為一個自己原以為負擔得起的房貸，加上職涯上一系列的轉折、失算和無預警的景氣風暴，資金就拉出了警報。因此，我要鄭重提醒，買一間房子往往得耗盡一輩子的資產，進而影響一生，買房子前，不要短視近利，得將失業、職場易動、傷病、生產與死亡……等危險因子給考慮進去，以目前人人都有失業的危機為例，最好身上要預留五至六個月的房貸支出以備不時之需。

這裏有個血淋淋的例子可以跟你分享！相信四、五年級生對於前棒球國手李居明一定不陌生，他原是家喻戶曉的國寶級球員，在兄弟象和那魯灣擔任教練，風光時，曾是年收五百八〇萬元的超高薪一族。其實他平常生活堪稱平淡，不愛名牌也沒揮霍無度，但徒有高薪，卻不懂得理財的，風光之際自己在桃園買了大房子並著手裝潢一共花了一千多萬，也砸下數百萬幫台南新營老家翻新，但在後來因那魯灣解組要重返兄弟象，得還給那魯灣二百萬元，加上經營咖啡廳失利。一道道的失算，就像兇狠的蠶，最終吞沒李居明的收入。

後來隨著年事漸增，聲望和身價都漸漸走下坡，當他驚覺「李居明的時代已經過去了！」卻時機已晚，果然，經濟一反轉，他從兄弟象教練解職，竟成了無業遊民，而這時他才發現，身上竟僅剩七萬元的存款。礙於一家家計以及仍有房貸要付，無奈之中，只好去領失業補助金。

從李居明的故事，我並不是想恫嚇大家別買房，但買房應該是為了要滿足人生，而不是成為房奴的，所以，奉勸各位，得看遠點！買房得把人生的風險給考慮進去！

■買房，你想清楚了嗎？將來你會是房奴嗎？（房奴的15大特徵）

測驗你成為房奴的危險指數：（回答下列你曾作過或想過的問題，○得分，×為0分）

一、（　）曾以為自己負擔得起，買了總價過高或過大的房子？4分

二、（　）曾用很高的價錢去裝修房子或買了華麗的裝潢屋？4分

三、（　）仗著銀行融資容易，用超過資八成的貸款買房子？5分

四、（　）仗著有寬限期，忘了將來要本利攤還時的沈重負擔？4分

五、（　）曾受不了樣品屋或業務員的鼓吹誘惑，沒多看幾間就下訂？3分

六、（　）認為買房子就像SHOPPING一樣，是消費而不是理財？2分

七、（　）曾存有反正利率低自備款也沒多少，把房子當買基金、股票，投資了很多戶的經驗？5分

八、（　）買房子時，沒考慮到未來的人生風險（如失業、減薪、生產…）？3分

九、（　）房貸占所得比例超過三分之一，也沒為自己預留資金？5分

十、（　）曾懷著，一但身上的錢不夠，或隨時需要用錢時，可以把房子賣掉來應急的心態？3分

十一、（　）只求價錢，而可能或已買了屬於買氣很弱、很難脫手的房子？3分

十二、（　）抱著房貸繳不出來時，頂多賣出去還債，而且法拍後就沒事了的心態？3分

十三、（　）以當下的情勢，認為租真的不如買？2分

十四、（　）認為成家後或工作穩定後一定要有房子？2分

十五、（　）反正房子是自住又不是投資，跌不跌價與我何干？2分

解答：

一～七分，保守型

你購屋觀念十分保守，很難成為房奴，但相對而言，也不易因投資房地產而賺錢

八～十五分，安全型

你有很正確的購屋觀念，若無意外，你可以安心成為房子的主人，而不是房奴

十六～三十分，潛力型

你有一些觀念是錯的，趕快調整心態，或設法補救，否則很快會淪為屋奴喔！

三十一分以上，屋奴型

若已經買房了，你根本就是屋奴了，趕快想法子解套，別陷入萬劫不復之地！

矯正：針對上述問題，正確觀念是：

1. 計算收支比及家庭成員，選擇價格、坪數合宜的房子，首購族切勿超支預留小孩房
2. 裝潢費用應計入購屋成本，總價最好保守壓在家庭年所得的五倍以內
3. 目前局勢不穩，貸款額度最好壓在五至七成以內
4. 使用寬限期，得預存本金額度，寬限期一過，就要大筆還款
5. 貨比三家不吃虧，應採同區域不同戶、不同時間、不同地段多方比較的方式多比較
6. 房子是高價財，絕不是一般消費行為，得有詳盡的人生理財規劃
7. 房子變現不易，情急時很容易成為壓垮人生的一根稻草
8. 房貸是一生的理財行為，需把職場、生命等風險一併評估
9. 堅持五五五原則，自備款三至五成、貸款占所得三分之一至五分之一、預留五個月的貸款基金在手上。
10. 景氣差時，房子變現不易，且有跌價風險
11. 應寧缺勿濫，賣相差的房子不但無法增值且脫手不易，可能成為負擔
12. 法拍價往往不夠還清貸款，不足額銀行會以扣押財產、薪資解決

13. 買房亦有折舊、稅金等成本以及跌價風險，不能光從月租金和月貸款相比
14. 成家未必要買房，尤其現代人工作地點變化大，租屋反而容易逐工作而居
15. 遇人生風險，得賣屋求現時，往往會飽受跌價帶來的資金缺口

第3節：想想看！你究竟想要多大？

有趣的是，買房子要思考一輩子的風險，但買什麼樣的房子或買多大的房子，就千萬別「想得太多」！現代人生活和工作變動性大，房子只要適合當下所需，用不著預留過大的空間給下一代，以免徒增自己的負擔。在不同的人生階段換屋，由小而大，反而是聰明的。

畢竟第一次買房子時就買過大的房子，除了負擔加大，一不小心，也容易將自己推入困境。另外，由於現代人職涯和生涯的變化很大，可能往往孩子還沒生下來，還沒來得及享受你幫他預留的空間，你卻因為工作地點轉換而被迫要搬家。

至於單身族預留過大的房屋空間，風險就更大了。因為即便單身族結婚後晉升為小家庭，你現在買的房子，卻未必是另一半所喜歡的，或適合另一半居住的，甚至兩人結婚後，常常會遷就其中一方的工作而居，變數太大，因此不宜冒然提前買婚後房。

我建議，單身族在買房時可謹守「單、身、貴、族」理論，單指的是「單」純；所謂身，就是符合「身」價；而貴，即房子最好能增值變「貴」；族「足」，則是生活機能得以滿「足」。原因如下：

單：單純安全

由於單身族沒有家人照料，身家安全為購屋時必備考量，因此，建議選擇有完善大樓管理、警衛保全系統的大樓，如電梯要有刷卡門禁管理，室內與管理室的通訊得暢通無阻。另外，由於住家事務得由單身者一人處理，因此若能選擇飯店式管理的住宅，如酒店式公寓，則可省卻繳水電、排隊等垃圾車等雜事。

身：符合身價

單身族的房貸多半由個人一肩扛起，因此買房得評估自己的實力，勿買過大或過貴，超乎能力的房子，最好堅持五五五五原則，即自備款至少三分之五成、貸款占所得三分之一至五分之一，另外至少要預留五個月的房貸預備金。而買房前其實可以先釐清自己買房的動機，也就是先問自已會住多久？即短時間會不會換或因工作易動而搬家？假設是要長期居住的，那就得選擇抗跌的物件，而若只是短期居住，建議買不如租。

你該買什麼房子，得先看你家有幾人？

家庭型態	適合房型	注意事項
敗犬族（單身不婚族）	套房或 2 房	1. 套房的貸款條件較差 2. 獨居者需考量居家環境安全
頂客族（已婚尚未生育）	2～3 房	若一輩子要當頂客族或只想生 1 個孩子，可考慮 2 房
小家庭（已婚有小孩）	2～3 房	1. 得考量學區 2. 若小孩性別不同，得要有各自的房間
折衷家庭（已婚與父母同住）	3～4 房	考量近公園和醫院

資料來源：作者整理

貴：增值變貴

值得一提的是，許多單身族認為，自己孤家寡人，房子生不帶來死不帶去，不用注意傳承和增值的問題，敗犬族買房往往耗盡身家，因此，除了保本最好還能增值生財，倘若未來結婚，需要換個較大的房子，也好脫手，甚至能有閒置資金可以換屋，因此對單身族而言，「買對房子，幸福一輩子；買錯房子，多奮鬥好些日子」、「買便宜的，不如買對的」、「買房子時，要想到賣房子時；首購時，要想到換屋時」，所以，「寧買好地段的小房子，勿買爛地段的大房子。」

足：機能充足

此外，單身族由於生活得一人打理，因此房子周遭的生活機能得為首要考量，建議住家最好在步行三至五分鐘內有便利商店、公車站牌或捷運站，距離工作地點也能在車行半小時內。

第4節：拜託你！別再作繭自縛！

我有一個結識多年的朋友，說要買房說了快十年，始終買不到，至今仍是無殼蝸牛！剛開始，我很納悶，「這幾年新建案這麼多，怎麼會買不到？」後來才知道，出生在台北市延吉街的他，父母親在東區置產時，還是一片荒煙蔓草，當時只用了每坪不到二十萬元的代價就買了一間華廈住宅。二、三十年來，這位仁兄看著大安區從一坪十幾二十萬元，飆漲至一、二百萬元，讓他心理嘟嚷著，「我從小生活在這，哪有這麼高的行情？總有一天會跌下來的！」

就在這種「近廟欺神」的心態，多年來我的朋友想買房，卻始終無法買定離手，無奈的是，房價就是不等人，等到他死心了想下注時，卻已經買不起大安區的房子了。而麻煩的是，在精華地段過慣的他，偏偏也看不起其他的區域的房子，在根深蒂固的「地域優越感」作祟下，他最常掛在嘴邊的是「新北市，這麼亂能住嗎？」於是乎，除卻「大安」不是雲的他，一直無法脫離「無殼階級」。

過分的「地域堅持」，真的會讓你錯失很多好房。其實台灣的區域間生活機能差距很

放寬堅持，你會得到很多好處

台北捷運相鄰兩站，差價最大的前3名

名次	捷運線	行政區	捷運站	2012年平均單價（萬元）	每坪價差（萬元）	價差比
1	新店線	文山區	萬隆站	45.1	22.8	50.6%
		中正區	公館站	67.9		
2	中和線	永和區	頂溪站	37.7	21.3	56.5%
		中正區	古亭站	59.0		
3	新莊線	三重區	台北橋站	31.0	15.7	50.6%
		大同區	大橋頭站	46.7		

資料來源：作者整理

小，習慣不是問題。

尤其目前台灣各大都市都在積極興建捷運，捷運是一種移動方便的城市交通工具，其帶來的顯著影響之一，就是讓都市的「可及性」增加了，以內湖為例，在內湖線捷運還沒完成之前，總覺得內湖像是台北縣（現為新北市），但是有了捷運後，內湖就完完全全成為台北市的一部分了。這種現象可以用「章魚捲理論」來比喻，拿台北市來說，市中心就像章魚頭，捷運就是章魚的腳，伸出去後如果可以再捲起來，就會形成一個獨立的生活圈。

除了捷運效應外，由於人是一種適應力很強的動物，對於新的環境剛開始都會很排斥，但久而久之也會慢慢適應新的住所，倘若你原本偏好的地點，房價已水漲船高了，何不放下這些不必要的堅持，讓自己的選擇變多。

而根據都市現況，都會型城市房價差距可以套用「同心圓理論」，如在大台北地區，東區、信義計劃區等市中心房價比郊區高，郊區又比縣市交界的新北市板橋、中永和、三重高，而新北一級城市，則再比更邊陲的三峽、林口、淡水高。同樣的，捷運沿線的房價也適用「同心圓理論」，離市中心越遠、房價越便宜，一些位於新北市捷運末端站的房價也比台北市區的捷運站房價低廉許多，但通勤時間卻不會差很多，很適合預算有限的購屋者。

因此，別作繭自縛，倘若放寬選屋的範圍，將會有很多意外的收穫！唯一得注意的是，買房子也不能一味地貪便宜，買在離自己生活圈（如家人和工作地點）太遠的區域，因為每天通勤的時間和精神成本亦是很可觀的，你得好好地計算一下，這些耗費的無形成本和省下來的房價，到底划不划得來。

貳部曲：精打細算，市場情勢別輕忽

私房小語：

就算世事難料，這些原則也能掌握住天時地利人和

想像一下，現在就決定要買房了，那麼當下最讓你苦惱的一定是在茫茫的建商廣告單、氣勢非凡的接待中心，以及五花八門的仲介櫥窗中，該從哪裏先看？

其實，假設你有按部就班地把「購屋首部曲」做好的話，清楚自己買房的目的，是自住、換屋還是投資、包租？也知道自己買房是要給多少人住？或有多少錢可以買什麼房？接下來的問題就變得簡單多了。

畢竟，首購、換屋、投資和當包租公（婆）要看的房子以及購屋的哲學是截然不同的。就拿自住和投資這兩大類型來說好了，自住客看的房子，講究的是符合個人的生活步調和模式，自己使用方便、住得習慣擺第一，相對的，投資客的看屋眉角，強調的卻是房子的接手性和搶手度，別人喜不喜歡、買不買單反而比自己的喜好更重要。舉個例來說好了，你若是在大學學區買了一間七、八〇坪的豪華住宅要租給學生，恐怕會因為沒人租得起而乏人問津。相對的，在一個熱鬧非凡的夜市商店街買屋來自住，就注定要買貴卻又住得不舒服。因此，方向對了，比什麼都更重要！

然而，就算確定了自己買房的用途後，另一樁傷腦筋的事則是到底要看哪一種屋型？台灣房地產歷經這麼多年的演進，從早期的透天厝、公寓、華廈直至現在最主流的大樓，房子的型態百百種，每一種產品的屋齡不同、優缺點不同，當然價值也大不相同，所以考量時，除了自己的喜好，也與手上的資金籌碼息息相關，因此，選屋型，又是一道值得購屋者精打細算的課題。

值得注意的是，相對於百貨公司的開架商品，貨色一樣價格也一樣，房地產不但是「不重覆的商品」，每個個案各自表述，就連價格也是買賣雙方你情我願議定的，不是規格價，就算現在有了實價登錄，也不代表房地產就此進入統一定價的時代。因此，買房子，管道也十分重要。

或許你會好奇，為什麼一些房地產的投資客總能在低價時買進超值好房？關鍵在於這些人背後大多擁有精良的團隊或管道替他們掌握資訊！如，有長期合作的仲介會主動介紹屋主急售，價格能殺到很低的好物件，或者投資客之間也會組成團隊，交換好房或最佳進場時機的相關訊息。因此，購屋，人脈也不能忽略！

於是，在第貳部曲，想跟各位分享的是如何掌握買房的天時、地利和人和，讓你抓對方向、用對方法，一切就能事半功倍喔！

第3章 掌握天時，方向對了比什麼都重要

——你的購屋身分，決定你的購屋方向

每當有人問我，哪裏有好房子可以買？現在該不該買房子？我的標準動作一定是先盤查對方的身家，原因是因為房子的用途不同，購屋的準備、策略，甚至進場的時機都南轅北轍。

就拿購屋時機來說，這幾年政府為實施居住正義不斷地祭出奢侈稅、房貸限縮等政策，讓台北市的房價終止了八年連漲的局勢，行情開始盤整，這對手上擁有多間房屋的投資客來說，買房當然得再三思量！但相反的，這個時期，政府反而千方百計地討好小市民，尤其是首購族，各種優惠房貸紛紛出爐，再加上房價止漲，由賣方市場變為買方市場，購屋者不用像房市大漲的時期，擔心決定太慢而追價不及，反倒能有較多的時間和空間去挑好房，這當然是買房的好時機。

因此，什麼是買房的「天時」，得先看看你到底是誰？

第1節：讓你賺一輩子的購屋良辰吉時！

買房子跟買股票一樣，人人都想買在低點、賣在高點。雖然進場時機因個案而異。但一般來說，要買在相對低點仍有幾個脈絡可尋。

首先，你必需要認知的是，房地產的買賣，是因「時」制宜，也就是時機不同，適合買的標的就不同。**就一般新開發的區域來說，有所謂的「五年買地、三年買屋、一年買店」原則**，也就是說，當一個區域政府確定了重大公共或交通建設開工時程時，通常就是買土地的好時機。一般來說，重大建設完工前的五年，是最後的進場時點，因為這時會有許多建商要開始整地開發了，土地的價值旋即水漲船高。

而到了重大建設預定完工的三年前，是整個工程的施工高峰期，也是最混亂的時期，層層的圍籬，龐大的重型機具，總讓沿線的房子烏煙瘴氣，賣相不佳，而預售屋也還在初賣階段，這正是最好議價檢便宜的時機，否則過了這個時期，屋主對價格的認知又會提高，房價又會往上衝，那時就未必是低點了。

至於到了完工前的一、二年，是公共工程慢慢收尾，卻也還是區域環境一片混亂的階段。此時，很適合進場買店面！一來由於當時商家多半仍無法作生意，看不到店面價值，較好議價。買了之後，雖然要忍受一段時間無法出租的空窗期，但時間也不會太長，所以是最適合的買點。

另外，對自住型購屋者而言，買房子最大的目的是為了自用，其實短期內房價的漲跌並不是那麼重要，反倒是環境、交通、格局等才是決定購買與否的關鍵因素。以下是幾個可以買屋的好時機，包括一、房價直直落，市場議價空間大時。二、政府有計畫的推出多項優惠方案，提高民眾購買力（如：優惠房貸、增值稅兩年減半等）時。三、房屋再降空間有限時。四、不動產投資報酬率大於銀行定存或其他金融產品時。

■時機不同，購屋身分不同，適合進場的屋型也大不相同喔！

1. 買方市場時，買難買的房子；賣方市場時，賣難賣的房子
2. 景氣時買預售屋；景氣持平時買成屋；景氣不佳時買法拍屋
3. 買房子時，想到可賣給誰；首購時，就評估換屋時。

■ 現在會重蹈1990年代房市大崩盤的歷史嗎？

這幾年房價大幅飆漲，許多人不禁耽心，現在的房地產會不會重蹈1990年代，在一波房市大飆漲後，旋即泡沫化，進而大崩盤的歷史！？由於誰都不願意成為最後一隻白老鼠，所以當下最多購屋者關心的是歷史會不會重演？

然而我們比較上一次房市泡沫的原因，包括政策打房、利率過高、市場供給過多和建商體質不佳等原因，與目前的狀況都不盡相同。因此，我認為，未來的房地產走勢，縱有盤整，也不致於到崩盤的格局，小市民應不用過分耽心會被套牢。

比較項目	1990年代	現在
政策	李登輝執政時代，無殼蝸牛走上街頭，為平民怨，相繼推動選擇性信用管制、廣建百萬戶國宅、停售公有土地，並喊出 6 萬元一坪的低房價策略，加上 10%左右的高利率，以及因為實施容積率在即，建商搶建，供給量爆增，造成房市崩盤，並走了長達 10 年的空頭	馬政府擔心民怨，以停售精華區國有地、課豪宅稅、奢侈稅，實施選擇性信用管制，以及興建平價住宅等政策抑制房價，惟與 20 年前相比，卻少了高利率和建商搶建的兩個重大不利因素，房價難仍抑制
餘屋	台北市餘屋率高達 40%～50%，供給明顯大於需求	北市餘屋率維持在 3 成以下，且去化順利，供需相對平衡
住宅需求	1991 年時，全台總戶數為 522 萬戶，每戶人口 3.94 人，當時多為 1 戶 1 屋的購屋需求，因此整體房屋需求為 500 多萬戶	目前全台戶數為 781 萬戶，20 年來大增 259 萬戶，比人口增加數還多，每戶人口為 2.96 人，在家庭掛帥、跨區工作率高的情況下，逾 5 成已購屋者有 2 間以上房子。因此，在 1 戶多屋態勢下，全台住宅需求估計逾 800 萬戶，比 20 年前多 300 萬戶
建商體質	建商熱衷財務槓桿，並一 搶建，致使土地存貨、餘屋比率過高、銷售天數也過長，導致龐大倒閉潮	多為體質建康、財務建全的績優公司，且財務和推案操作合理，較無倒閉之虞

資料來源：作者整理

第2節：讓你第一次買房就上手的撇步！

如果你是首購族，那麼相信你現在耽心煩惱的，一定很多。畢竟，這個階段的你，年紀尚輕，經濟實力有限，又不像換屋族有舊屋為本可以換新屋，因此當下首購族的尷尬，就是房價是越等越高，又深怕自己是承接高房價的最後一隻白老鼠。

但偏偏還是有人可以買到價格合理的好房，差別是，這些贏家總能「知己知彼」！在此，建議首購族可以善用「五官看房術」，也就是依循先用「腦」評估好市況以及自己的能力、需求，再放慢「腳」步，積極看房，而用「眼」想好標的，再大「口」議價，並聰明動「手」操作財務等幾個重要步驟，就能無往不利。

步驟一：用「腦」認識自己、看清市況、調整觀念

「你不必懂房子，你只要懂自己就好！」首購族買不到房子，往往不在於房價多高，而是不夠了解自己，卻又守著一些不必要的堅持，作繭自縛，特別會在「需求」、「能力」和「地域」三方呈現拉距。在需求方面，一般自住客認為「買房要居住數十年甚至終身」的想法就十分不可取，由於現代人生活和工作變動性大，首購時就要有換屋的打算，只要適合當下所需，用不著預留過大空間的給下一代，以免徒增自己的負擔，反而應該要買能力範圍內，又能保值、增值的好房子，以作為下次換屋時的本錢。

另外許多首購族往往會堅持買在自己熟悉或離工作地點近的區域，偏偏強烈的「地域觀」會讓房子的選擇變少，其實台灣的都市複製率很高，即便新興區域，生活機能也十分齊備，只要拋棄區域限制，「化點為線」，沿著高速公路或捷運線等交通動線，實地測量通勤時間和成本，往房價較低的外圍區尋找，就能以「時間換取金錢」，覓得適合自己的好房。

步驟二：用「手」操作債信，爭取低利、整理財務

而除了聰明殺價外，壓低貸款利率亦是首購族不可忽略的功課。尤其是政府為了平息高房價惹來的「民怨」，每年辦理的青年安心成家住宅補貼與住宅補貼方案，就是要讓民眾能輕鬆購屋。因此，首購族可以好好運用。另外，由於貸款必需由銀行經手，因此，首購族可向銀行爭取的包括降低利息、貸款手續費，延長寬限期、還款年限，來抒解剛購屋時的壓力。

步驟三：用「眼」看好標的、用「腳」勤跑案場

值得一提的是，許多自住客認為，買房是要自住，不用注意投資和增值的問題，這項觀念也應該被糾正。「買房子時，要想到賣房子時；首購時，要想到換屋時」，首購族買房往往耗盡家產。因此，除了保本最好還能增值生財。如此，倘若未來生涯變動，需要換個較大的房子，第一間買到的就是增值好房就較容易脫手，甚至能有閒置資金可以換屋。所以，挑房應主攻低價潛力區，如捷運完工前的郊區或都市計畫即將執行的區域，如此才能「用潛質換取保值」。

■ 首購族進出場的大好時機

判斷指標	進場（買房）時機	退場（賣房）時機
國民平均生產毛額變動率	GNP 成長	GNP 衰退
消費者物價指數	原物料價格大漲	原物料價格大跌
空屋率、推案量	成交量減少、空屋率低	成交量減少空屋率卻居高不下
利率水準	低利率	高利率
景氣對策訊號	藍燈	紅燈
個人財務狀況	有閒錢	急需用錢要變現
需求狀況	要居住	要換屋
價格波動	非因天災造成的價格大波動時	有獲利空間高檔出貨

資料來源：作者整理

不過，事實上，就算是高價地段也有平價的好屋，就等著買家主動挖掘，因此買屋前的跑場、評估，就顯得重要了，首購族不妨「先租後買」，亦即先鎖定目標區，在區內先租個房子，就近體驗附近景氣、人潮、建設的變化，也方便蒐集目標建案資訊。

步驟四：用「口」大膽議價，貨比三家、聰明殺低

完成了前置作業後，接下來就是最關鍵的「議價」與買定離手了。就算是新屋案場，也有議價技巧（在後續章節將會詳細介紹議價的技法）。此處，先簡單來說，建議可使用三多原則來殺價。第一，選房選爆量區，利用建商彼此競價壓力，大膽砍價，以多殺多；其次，已有舊房的換屋族或投資客，建議可找老建商個案購買，利用老交情制價；另外，若有親友也正值買屋期，可考慮統購，或加買保值性較高的車位，以量制價。

第3節：讓你越換越幸福的換屋大妙招！

根據經建會住宅需求動向調查統計顯示，國人換屋時間平均為十一年，如果以工作三十年來計算，從購買第一間房起，一輩子最少將面臨二至三次的換屋機會。第一次購屋常為個人居住，結婚或投資儲蓄。而會啟動人生的第一次換屋，大多因為子女長大，房間不夠了或開始要在明星學區卡位了，希望換到更適合的居住環境。至於第二次換屋則是以退休養老為目的，這時，有人會考量生活機能及醫療資源，因此會選擇生活方便的市中心區，有人則嚮往回歸田野休閒生活，則以近市郊、重休閒空間的區域為主。

而讓換屋族煩惱的則是究竟要「先買新屋後，再賣舊屋」，或「先賣舊屋後，再買新屋」？畢竟一買一賣之間，若賣低買高，資金往往會出現缺口，另外買賣時，時間沒有拿捏好，也會有無屋可住的空窗期出現。而到底是先賣後買？還是先買後賣？對於經濟情況較佳、自備款超過三成的換屋族以及房市景氣好時，建議「先買後賣」。反之，貸款負擔重，自備款不足的人以及適逢景氣差時則建議「先賣後買」。

狀況一：先買後賣

倘若是先買新屋再後再賣舊屋，除了得準備足夠的新屋自備款外，你也可能會面臨同時繳交兩間房貸的資金重疊期。因此換屋前，最好多準備一筆「換屋預備金」，而這筆金額最好要相當於三至六個月的舊屋房貸月付金額。畢竟，一但舊屋一時之間賣不掉，就可拿這筆預備金應急，千萬不要因為兩間房貸同時軋，最後卻因承受不了而賤價賣出舊屋。

狀況二：先賣後買

如果選擇先賣舊屋再買新屋，則得考慮好買賣間的時間差，避免因為新屋交屋時間延滯，而產生無屋可住的窘境，又徒增一筆租屋費用。

狀況三：信用受管制

基於目前政府祭出買第二戶房子有緊縮貸款的前提下，對於手頭緊、又想從市郊搬到精華區的換屋族，在這個節骨眼上，資金的拿捏和控管就相當重要。首先，要湊足充裕的自備款，甚至還得多預留一些可動用的資金，以因應後續突如其來的政策變化；其次，若感到房貸壓力較大，新買的換屋標的，可以透過轉租或分租的租金收益，來支應每個月的房貸。

而如果第一戶房貸繳得差不多的人，則可以先用第一戶房子去貸款，利用二胎房貸的方式，貸出換屋資金的自備款，等買到新屋後，再伺機逢高出脫既有房子。只是，銀行界人士也提醒，二胎房貸的利率頗高，購屋者最好能多比較、計算，之後再評估決定。

其次，如果自備款不足，又非得先買後賣，或者可以考慮用「另一半」的名義買房來申請貸款。另外，若可以舉證自己是「自住換屋」而非投資用途，在貸款跟利率上還能有討價還價的空間。比方說，貸款人持有自住房屋已達兩年以上，則可和銀行端簽切結書，約定一年或在限期售出第一戶房子，若到期未履約，就會恢復貸款成數或取消寬限期，這些「眉角」都可以先與銀行端談好。

狀況四：意外費用

除了上述費用外，換屋還經常會產生一些額外的固定費用，如仲介服務費、裝潢費、搬家費、契稅等支出。由於這些費用省也省不了，所以最好能事先準備。

■ 一生當中，你可能面臨的換屋時機

成家期

家庭成員：年輕夫妻
買房策略：剛成家時，預算有限，到價位相對便宜，但有發展潛力的郊區購買 2 房的小宅。

滿巢期

家庭成員：年輕夫妻+小孩
買房策略：家庭增添新成員，既有房子的空間若足夠就不用多花預算換屋，等孩子上學時再考慮學區房，但若空間不足，而預算足夠，則可考慮換成3房產品。

空巢期

家庭成員：中年夫妻
買房策略：子女長大離家，空間需求反而下降，可以將多餘的空間出租，貼補生活費。

鄉居期

家庭成員：中老年夫妻
買房策略：退休前期，體力仍佳，若較嚮往鄉居生活，由於年紀已大，不建議還花錢買郊區房，可到鄉間租屋，再把原本自家房子出租，用原屋租金貼補鄉居租金。

終老期

家庭成員：老夫老妻
買房策略：退休後期，生病頻率升高，將出租房子收回，在自家終老。

資料來源：作者整理

第4節：讓你成為現代員外的不傳之秘！

蹺著二郎腿，等著房客將錢送上門來的包租公、包租婆是現代人共同的致富之夢，然而買房收租正如一般投資工具，也有其風險和技巧，一但操作得宜，幾乎都能「坐享其成，富足一生」。多年前，我曾採訪過的一個包租公Aniky，就令我印象深刻。

還記得第一次遇到Aniky時，是某個周六清晨一早。六十三年次，目前在上市電子公司擔任高級工程師的他，那天開著車，帶著老婆及剛出生幾個月的兒子，由台北緩緩地往南部駛去。破曉的晨曦灑在一家三口惺忪的臉龐，一家天倫和樂的景象，看來也只是一般年輕夫婦趁著假日出遊的慣有場景，但很少人知道，每回Aniky一家的南部遊，目的都很另類。

當車行下了永康交流道，一家三口在位於台南縣永康市（現為台南市永康區），緊鄰奇美醫院的一處社區住宅下了車，Aniky前不久才剛在這兒買下一戶十坪套房，而這天，他正準備和新房客簽約。章子一蓋，Aniky手上那本價值不到二十元的紅色定型租約，就代表著每月可紮紮實實坐收六千元，只見他不慌不忙地將備份鑰匙投入了包包裏，然而鼓鼓的囊中，這已是第七支備份鑰匙了。

是的，握有七份鑰匙，Aniky是坐擁七戶房子的包租公。而房子都集中在永康一帶的

Aniky，每回一家南下，說是旅遊，其實行程的重點，根本就如同員外般地巡視七棟包租出去的房子。只是，有別於一般的包租公，多半受惠先人的庇蔭，坐享其成，Aniky的七棟房子，則全都在短短三年內靠自己掙來的，神奇的是，他並沒花到半毛錢。

二〇〇四年，成大碩士班畢業後，Aniky有回載著當時還是女友的老婆到台南旅遊，原本就十分嚮往當包租公的他，想起學生時期房東收租的「爽勁」就羨慕不已，於是觸景傷情，立刻趁著行程空檔，繞到了母校附近看房子。在仲介帶看下，Aniky鎖定了兩間小套房，時值房市低迷，兩個物件總價竟都只要七十多萬，他當下二話不說，買了下來。更絕的是，Aniky頂著上市科技公司工程師的頭銜，當地銀行給予極高的評比，再加上融資總額不高，因此輕易地就取得全額且超低利的貸款。

Aniky夫婦這「閒來一筆」卻開啟了他的包租生涯。由於房子緊鄰成大、崑山科大兩所大學以及奇美醫院，租屋人口龐大，吸引了許多大學生、醫生和護士前來洽租，就連許多南科工程師也不遠千里而來。而Aniky又仗著成本優勢，決定以六千元低價破盤招租（當地月租行情約七、八千元），使得他的套房成了搶手貨，手續都還沒辦完，就順利出租了。

初嚐甜果後，Aniky夫婦倆算算，無本、買屋、收租金，扣掉利息，每月每棟房還有幾千元的收入，簡直是天上掉下來的禮物。於是食髓知味，繼續如法泡製這樁「無本生意」。

多年來，Aniky就這樣依樣畫葫蘆，找同樣的仲介、買同一區的房子，用同樣的貸款手法，一來方便找房、貸到高額度，再則也方便集中管理，於是白白地當起了七棟小套房的包租公，每月就算本利攤還，最少還可以賺足五萬元以上。

Aniky致富神話的際遇，立刻在辦公室傳遍開來，大家忽然驚覺「靠包租變有錢人」，絕非遙不可及。而同事們真正稱羨的是，Aniky藉由租金可以高枕無憂地付貸款，還賺利潤，遠比短線操作、賺價差的房地產投資模式要可靠多了。尤其在這陣子房市景氣降溫，房價有下跌之虞，而從不進行買賣、只靠租金套利的Aniky則老神在在地說：「我的房子全都是房客幫忙付的，房價跌不跌，我都無關痛癢！」

事實上，只要操作得宜，包租確實是比賺價差的投資客穩健紮實多了！就拿Aniky來說，目前有許多同事就紛紛拿錢要他代操，同事圈裏掀起了一股想「不勞而獲」的準包租公風潮。於是現階段，他一有空就南下看房，用同樣手法複製，甚至未來包租規模擴大後，還可能成立資產管理公司，將包租企業化。

不過，Aniky表面上看似不勞而獲，但事實上從他選擇投資標的、融資貸款、招租，以至於租後管理，其實都有眉眉角角。

包租首部曲：包租前的決策，三大法則、六個不如

問起許多包租公、包租婆租屋致富的經驗，談起第一步，答案幾乎都是「投資前得先確認你要當單純的租公還是短進、短出的投資客？」這其來有自，房地產投資，可分為價差收益及租金收益兩個類型，雖然這兩種套利方式經常交叉運用，但兩者的房子類型和元素截然不同。因此，假設你要以收租為主、買賣為輔的包租公，標的物的選擇，可得換個思維。

至於如何挑對「黃金包租屋」，我建議，要堅持「三大法則」和善用「六個不如」。其中，三大法則指的就是房價、需求、供給三項原則。畢竟，一個高租金投報率的房子，最好買得便宜、租得昂貴，而讓房客搶得熱烈！

法則一：價格原則，新不如舊

於是為了要「買得便宜」，我認為，挑包租房和挑自住房及投資房不一樣，反而是「新不如舊」，也就是買的房子得盡量避開高價的預售屋或新成屋，其中二至十年的中古屋，買價便宜、出租容易，最合乎經濟效益。

法則二：人潮法則，單不如多、遠不如近、順不如逆

另外，人多、生活機能佳、通勤時間短的地點，永遠是租屋的首選。因此學區、辦公大樓和店面齊聚的複合多元商圈，勢必優於單一商圈，所以說「單不如多」。至於，學區型

物件，距離學校主要出入口，以不超過步行十分鐘為限，這是「遠不如近」。至於店面，則以「逆不如順」為挑屋原則，也就是注意人潮流向動線，例如，該商圈或該大街的人潮，從捷運口走出後，多半是往東面行走，那麼捷運的東面就是人潮動線的順向面，反之，西面為逆向面，想當然而，順向當然優於逆向囉！

法則三：供給原則，少不如老、北不如南

此外，房屋的供給量，亦是評估重點。因為，成屋供給量一多，容易供過於求，不但房子容易租不出去，就算出租了，也很容易被比價，而影響租價。因此選屋，得先了解供需市況，可直接詢問當地各大樓的管理員，探詢該區域空屋率。

若從區域年齡來看，則要有「少不如老」的觀念。也就是挑剛起步的新重劃區倒不如選成熟型的老商圈。雖然後者房價高，但人潮、機能齊備，行情容易判斷，風險較低，新重劃區則因為區域發展前途未卜，一但賭對了，增值潛力驚人，投報率高，但反之，也可能血本無歸。因此建議，若要介入新區域的租屋市場，以國內重劃區平均得花十幾二十年才足以成形的經驗法則來看，建設、人潮已初步到位，但房價仍在低檔的第十年，應是最佳介入點。

有趣的是，一旦綜觀上述各項因素，竟然發覺，房屋買賣市場「北熱南冷」的現象，恐怕得顛覆了。就租金報酬的現狀看來，反而「北不如南」。綜合各房仲及租賃業調查顯示，高房價的大台北租報率一般大約在一・五到二・五%，居次的大台中則可達到二至四%，而南部則不難高達四%以上。

不過若以租屋類型區分，綜合而論則有「北店面、中住家、南學區」的情況。人潮多消費力高的北部，店租往往是中南部的好幾倍，適合開發店面市場，而台中挾著科技、白領進駐優勢，房價又不如北部高，則以上班族套房、住家為強項，至於租價偏低的學區租賃市場，低房價的南部反而是首選。

包租二部曲：包租中的加值，壓低買價、提高租價

選對標的，永遠是包租致富的最大關鍵，但若能再靠「後天」創造高租金報酬率，則可加分不少。一般租金報酬，有兩種算法，其中傳統公式即是年租金除以房屋總價（含裝潢），第二種則是年租金除以總成本。

針對第一類算法，我的看法是，抓在四%以上，（因為，若扣除地價、房屋稅及修繕等未加計的隱形成本，得高於定存利率二%，因而初估為四%）；至於第二類公式則針對貸款族，以自備款為分母，建議合理租報率應維持以一五%為底限（因未計入的稅賦、房屋修繕以及每年本利支出等隱形成本）。

了解租報率底限後，則可運用「壓低買價」和「裝潢加值」來提升投報率。建議投資者在房子買定離手前，得先探聽當地租金行情，再運用上述投報率計算合理總價，最後再以該價為上限，向賣方殺價，以提高報酬率。例如你已看中一套三十坪大小的房子，而你將理想年投報率設在六％，經過打聽後，當地和你看中的房子條件相當的出租行情是三萬好了，回推回來，你的房子最佳買價應壓在六〇〇萬元以內。

除了壓低成本外，提高租金亦是金房東慣用的技巧。無論住宅或店面，若能藉由施工加以空間分割或分時出租、劃分為多單位，皆可有效增加租金報率。例如原本租金二萬元的公寓，若切割成四個單位，往往每個單位租價可達七、八千元，合計為三萬元左右，附加價值可觀。此外，室內若能借由簡易裝潢、布置，亦可提高行情。

包租末部曲：包租後的管理，降低空置、慎選房客

選標的、招租是一門學問，而出租後的風險管理更是無可忽略。在此要提醒所有的房東，得注意「空置期」問題，其中有寒暑假的學區市場，最好以學期為單位收租，而流動率高的店面，則最好找到穩定性高的連鎖加盟店為房客，並簽下多年租約。另外，還得注意房客對房子的破壞，惡房客積欠租金、在房子內作奸犯科、自殺等隱形成本，這些除了要靠平時招租時慎選房客外，更得要勤與房客連繫。

總之，只要你能循序漸進掌握每一項租屋法則，操作得以宜，相信「租」是比售有福的喲！

■ 善用投報率公式，提高你的獲利

公式1：總價報酬率

年租金／房子總價＝租金投報率

註：

1. 此為傳統算法，適用於賺價差的投資客及賺租金的包租公，原則以 4% 為合理底限
2. 制定出租價格時，可依買入房價，求出合理租價，如房價 500 萬，至少年租金 20 萬方為划算的出租價格。（A／500 萬＝4%，A＝20 萬）
3. 包租公得先打聽租價行情及銷定目標租報率，再求出最高買價，以進行殺價，如租金行情 20 萬，又希望達到 5% 投報率，則買價最好壓在 400 萬以內。（20 萬／A＝5%，A＝400 萬）

公式2：成本報酬率

年租金／購屋自備款＝租金投報率

註：此公式適用於以低自備款買房，藉由出租讓房客幫忙繳房貸的包租公。一般而言，包租公若 7 成是貸款，只準備 3 成自備款，那麼成本報酬率最好要站上 15% 才划算。市場上，不乏有包租高手可將投報率操作到 45% 以上的。

公式3：淨租金報酬率

（年租金－年貸款利息、修繕及租稅費用）／（房屋總價＋裝潢和家具成本）＝租金投報率

註：此公式適用於附屬設備較多的出租房型，由於這種計算法，實得獲利較少，而成本較高，因此很難有 4% 以上的高投報率，一般而言，只要比現行利率高就划算了。

資料來源：作者整理

不同的出租類型，包租的眉角不一樣

三大市場比較

租屋類型	學區	店面	一般住宅
租價	低	高	中
修膳成本	高	中	低
客源	穩定	高浮動	普通
空置期	寒暑假固定空置，學期初若未出租，即會空置一學期	高	低
裝潢成本	低，簡配	無，通常無配裝潢	高，較需全配
行情透明度	高	低	中

資料來源：作者整理

若怕包租麻煩亦可找專業代管公司代管！

因應包租公所需，目前市面上已出現專業的租屋管理服務公司了，其強調的是可以讓房東省卻直接面對房客的煩惱，房東只要等著收租金就好了。

現行代管公司的收費情況是：

順利出租的服務費	台北市是 1 年契約收 0.5 個月租金，2 年契約收 1 個月，其他縣市則是 1 年契約收 1 個月租金為手續費。
代管費	每個月租金的 1 成至 1 成 5。

資料來源：作者整理

■ 當房東，要堅持的 7 件事

1.確認房客身分
簽約時，記得請房客出示身分證件核對，最好有雙證件或影本存檔。
2.避免代租
要求簽約人跟要住進來的房客是同一人。
3.合約載明緊急聯絡人
要留下房客緊急聯絡人的聯絡方式，最好是二等親以內的家屬，如兄弟姐妹或父母親。
4.租一押二
即簽約時，要收租金1個月和押金2個月，並要在合約上載明，若租約未到期就搬家，就要扣1個月押金。
5.要求房客簽「租客公約」
即明訂房客必需共同遵守的規定，才能維護彼此的權益，目前坊間都有定型化契約可購買。
6.規範寵物飼養
能不能養寵物？也要列入合約，如果同意房客飼養寵物，最好也載明可飼養的動物類別。
7.回覆房屋原貌
合約載明房客退租時，必需將房子回覆原貌。

資料來源：作者整理

第5節：讓你當上學生心中的熱門房東！

值得注意的是，即便是包租，房客的對象不同，包租時也會有不同的操作策略，因此，想當包租公的你，可得「因人制宜」喔。首先先來看看學區的租屋市場。其實相對於其他租屋區域，學區是最透明、最好算計的租屋市場！由於國內各大學床位數普遍供給不足，間接造就了學區租屋市場，然而學生人數、學生床位都是可計數的，因此相對於辦公室套房及店面的供需混沌不明，學區供需較易計算，無形中降低了投資客的操作風險。其次學區租金行情由於在學生口耳相傳下，也早已成為公開的秘密，投資者稍作打聽即可清楚算出投報率，而評估是否要進場。

只不過，學生破壞力強，內裝折舊快速，因此在學區當包租公，你的房子用不著配備過多，只要有床、衣櫥、書桌、網路等「簡配」即可。另外，學生寒暑假為固定空置期，建議房東可以學期為單位收租，分攤空置分險。

至於如何在學區找到包租好房，以下幾項指標可供參考：

壹、需求原則

A.看排名和招生率：聯考錄取分數排名越高的學校，意謂著招生率越高，客源也較穩定，需注意部分新成立或新升格的學校，常有缺額招生的狀況，將影響租屋需求。

B.私立優於公立：普遍而言，公立大學宿舍供給充足，因此外租人口較少。

C.複合學區：大學群聚的大學城，由於學生人口更多，需求暢旺，值得投資，如桃園中壢、台中皆是。

貳、租金原則

醫學院最好，醫學院學生一唸就是七年，租期長，加上醫學院學生家長通常財力豐厚肯花大錢，因此醫學院學區租金行情通常較高

■ 學區包租操作小秘方：

選擇條件

- 地段佳、交通便利又有重大政策加值的學區為首選。
- 透天厝林立的學區，供給有限，投報率高。
- 與校方、學聯會合作，增加招租管道。

學區租房供需計算公式

（學生總人數－宿舍床位）×80%×75%

計算公式說明

總學生人數扣掉學校提供床位，為一般認知的學校外宿人口，但外宿族群中亦有 2 成為通勤或在親戚住家居住，而剩餘的實質租屋人數中，又有 5 成為同居，因此實際租屋戶數需求，得再×75%（50%獨居者+25%同居者（因 2 人一間，所以租屋需求只剩 25%））

第6節：讓你的好房叫上班族排隊苦等！

相對於學區的學生房客，上班族由於收入較豐，且經濟自給自足，加上壓力大、時間趕，因此對於租屋的要求遠比學生高，一但房子合意，會願意支付較高的代價承租，是「重質不重價」。

於是，當上班族的房東也要重質不重價，也就是說房子管理越安全越好、離上班地點越近越好，室內設備越齊全越好，而挑的房客，當然也是收入越高越好。

另外，想要讓自己的房子成為房客心中的搶手貨，就得要用房客的心態買房。

我認識的一個包租公，在他手上有六十幾間房在收租，他得意地跟我說「我的房子空置期最多不超過一個月，因為我懂得用房客的心態買房子！」有別於一般包租公買房「重價不重質」，他的不敗定律則是「質重於價」。這個包租達人在評估買房標的時，必定研究動線，先將自己化身為房客，仿照房客上下班路線，徒步走到標的物，沿路耳聽四面、眼觀八方，一但動線上，一出現生活機能、巷弄治安、管理不佳的狀況，就降低評比，甚至慘遭淘汰，也因此他的房子，都十分符合上班族的租屋條件，成為搶手貨。

至於要買什麼房出租給一般的上班族？以下幾項指標可供參考：

1. **距離原則：**租屋標的最好在距離都市中心捷運票價二十五元的車程內，另外，距離辦公商圈走路十分鐘內，而搭車+轉乘+走路也最好別超過二十分鐘。

2. **需求原則：**相對於學區的簡配，上班族重視「全配」，配有冷氣、洗衣機、電視及床組、衣櫃，若能配上簡易廚事炊具，將可提高一至二成成租價。二十四小時管理的套房亦是上班族最愛。

3. **群聚原則：**部分外商派駐在台灣，由於收入高，又不計較租金（公司出錢）是搶手的房客，可注意外商群聚的地段，專攻外國客，如日本人群聚在中山北路、外國工程師聚集科學園區。

■辦公商圈包租操作小秘方

1. 先研究租屋人口，專攻中古屋改裝出租
2. 以租屋行情，反推合理購屋價位
3. 盡量租互不相識的房客，降低集體退租空置風險

4. 改裝切割出租單位，增加租金收入

第7節：讓你光靠好店就能獨霸商圈！

至於店面，相對於住宅難度就高很多。因此，如果說住宅是業餘玩家的天下，那麼店面就得是職業選手才玩得起的進階版。好店面不但能創造一個商圈王國，更能讓投資者富貴數代，但由於所謂的黃金店面往往價格驚人，稍一不慎也可能因此傾家蕩產；因此，想要進攻這個「職業級」的戰場，沒有三兩三，很難在叢林裡殺出重圍。操作店面的方法如下：

原則一：養好人脈，先租後買

好店面要卡位，最怕費盡千辛萬苦、龐大鉅資卡進的根本不是好店面，往往弄得血本無歸。因此，判斷店面的良窳，絕對是功課中的功課，亦是店面投資的第一步。每每為了尋得一處絕世好店，往往都是先鎖定目標區域、目標店面，一等就是一、兩年才等到的精品。至於，如何等到好店？平時就應該多與房仲緊密聯繫，或與黃金店面的承租戶、地主，甚至地主第二代往來，已便得到買賣的一手消息，甚至可以先租後買，畢竟承租戶往往是店東轉手時的第一選擇。

原則二：抓住人潮，重文輕武

另外，投資店面前，則必定實地走訪，仔細評估投資標的是不是位於「長紅型」的商圈，至於長不長紅，則繫於「動線」、「人潮」。

店面有所謂的文市武市、陽面陰面。文市指的是人潮綿密逛街人數多的地方，武市則為車潮多，但行人不多的大馬路。至於陽面，指的是同一條街較熱鬧、商家較多的一邊，反之為陰面。也就是說同一條街往往隨著人潮動線呈現兩樣情，又往往只是相鄰的兩條路，一個人潮匯集，一條則車水馬龍但等不到人龍。因此，買店面得「重文輕武、袪陰補陽」，而且人潮行走的動線是順向優於逆向，也就是「逆不如順」；另外還得判斷好不好停車、腹地夠不夠大，最好是路寬十五至三十五米間，沒有分隔島的店面為最佳。車速在四十公里以下的店面最易聚集人潮。另外緊鄰學校圍牆外的店面俗稱「孤面市」，一但學校停課，也沒生意可作，得慎選。

原則三：粉墨登場，靜不如動

除了精準的判斷，靈活的操作也是買店無往不利的原因。在此分享一個「空間換錢術」，也就是利用店面空間的變化，換取最大的利潤。首先是「店觀（店面的門面和外觀）」原則，也就是店面面寬愈寬愈好，或是可使用的腹地越大越好，這就是很多生意興隆的店買了一戶又買下緊鄰的一戶，加大店寬，為的就是讓價值一加一大於二。

其次是「空間分割」原則，化整為零創造價值；也就是將店面以一分為二、騎樓分租或分時出租等切割術來增加報酬。不少店東買店面只買透天厝，因為這一來空間可以自由變化，打通或分割不受人約束，另外也有足夠的門面掛大型店招，產生極大的聚焦、集客效應。至於，店面是最怕店門口有遮蔽物擋住門面，因此金店面通常面寬愈寬愈好。

另外，店面出租市場和一般住宅租賃最大的不同即在於其行情波動劇烈，價差天南地北，往往隔一條街、一條巷即可落差數倍，加上店面售價通常為同棟住宅的兩倍以上，風險極高。因此，操作時最好得先找到租期長，且收入穩定的房客，才能保本。

■店面投資包租操作小秘方

1. 記錄區域店面出租動向、數量，研判市場供需
2. 打聽店面店東更換頻率，判斷生意是否好做
3. 著重店面風水磁場，這往往是開店者最在乎的
4. 寧租給收入穩定的房客，也不租給租金高但不持久的

第8節：讓你步上暴富之路的房市買賣！

除了包租，短期買賣則是房地產投資的另一種方式。而投資客最常操作的標的，則莫過於住宅、店面和土地了。但同樣是投資房地產，有人飛黃騰達、身價億萬，有人卻耗盡家產徒留一大筆負債，「員外」和「房奴」間，看似天壤之別，但只要稍一不慎，就容易「富豪不成反成奴」。

我接觸過的這麼多房市投資達人，他們都認為投資房地產其實就像在股海裏肉搏，求的不外是「買點」、「明牌」、「管理」和「賣點」等獨步江湖的招式，也就是找到「低進高出」的箇中哲學。換言之，一個好的房地產投資客，從買房、養房到賣房三大步驟都得步步為營，一旦精通了，你就可能是下一個地產天王、天后了。

步驟一：買房

房市和股市一樣，「買在初升段」是亙古不變的獲利哲學。但在這看似簡單的項目中，其實就隱藏著「時機」、「位置」、「價格」和「戰術」等高深學問，往往一關未過，許多行家就此隱恨敗北。因此，買房就應該及早介入剛要發展的區段或即將崛起的新興地區，諸如具發展潛力的重劃區、重大交通建設、即將啟動的土地，以及政策法規可能修正過關受惠的物件。畢竟，搶攤處女市場，不僅選擇性多，價位又平民化，很容易買到「俗擱大碗」的好貨。

招式一：處女搶攤原則

我曾採訪過前高雄縣不動產仲介公會理事長的吳俐潔，即是個贏在初升段的天后。在一九九〇年初期，吳俐潔選擇在高雄市三民、前鎮、小港等新開發地段大筆大筆地用低價進場買房，幾年後，當這些區域房價水漲船高，散戶漸漸進場後，她則出清庫存轉向還在初升段的高雄澄清湖、鳳山、五甲林園一帶，後來連高雄縣市場也日漸白熱，吳俐潔則見好就收，接著轉戰才剛剛興起的法拍屋。

當時，由於房價已高，多半投資客在一般房市已無利潤可言，但她卻能在法拍界靠著低進高出的操作手法，持續累積財富。但近來法拍資訊日趨透明，投入者又多了，機靈的吳俐潔則又快速地投入時下投資客還一片陌生的不良債權市場，在買賣不良債權土地中，繼續盈利。

據說，吳俐潔每天至少帶著兩張空白支票，遊走在眾人眼中的不毛之地，看地買屋精準的她，只要一感覺區域的後勢發展，就馬上填好支票，向賣家買下「決戰初升段」。

招式二：亂世佳人原則

而即便在成熟的區域或中古屋市場，亦有「初升段」。在投資界，也十分相信「亂世出佳人」理論。原因是，除了處女市場，每當景氣回檔，就是另一個初升段的開始。例如，當股市重挫後，若能價量回穩，且穩步上揚三至六個月，就表示景氣的春燕真的飛來了，而接著房市就會接棒演出，拿一一九八三年、一九八六年和二〇〇三年的近三次房市大多頭來看，皆是在股市回穩後半年內出現的。

總之，空頭後的亂世，就是低接的好時機！再以一位在松山一帶握有店面、套房和土地十數筆的蘇媽媽為例，她只是個小公務員出身，但年輕時就憑著公家機關穩定的薪水，靠房地產慢慢累積了可觀的財富。而耐人尋味的是，蘇媽媽的操作手法竟不謀而合的都是遵循「危機入市」。

首先她在一九八七年中美斷交時期，當大批有錢人拋產移民時，她就默默地接下許多賤價出售的套房，等局勢回穩後，憑著數棟套房的租金，快速生財；之後在一九八〇年代的石油危機期間，蘇媽媽又趁亂接收一兩間屋主急售的店面；到了一九九〇年代，當李登輝放出了戒急用忍、兩國論等政策，引發了「導彈」危機，她在內湖用每坪十七萬元的低價，進場承接一戶屋主棄家移民的三十多坪便宜住宅，結果當時五百萬元進場的房子，如今已喊到一、二千萬元。

招式三：時勢英雄原則

所謂「時勢造英雄」，很多贏家就是憑著敏銳的嗅覺搶得先機。然而除了政策與局勢外，事實上，法規的變化也往往是賺錢的契機。我有一個在當不動產律師的朋友，有次他在處理客戶的一起都更案件時，意外發現位於台北市區一處都更用地，有別於一般住宅，使用分區多半被劃為住三，但該個案在都市計畫中被改列為商二，也就是一但都更後，容積率會從原本的二二五％變為六三〇％，將近三倍。換言之，同樣的土地持分，地主可能會較其他都更案多換回三倍的建物坪數。

因此，這位律師朋友迫不及待地買下都更案中出售中的老公寓，沒想到才一進場，使用分區變更的消息旋即曝光，老公寓價格水漲船高，而他則決定待價而沽，甚至直接等到都更重建後，配發建物，高價出售「地主保留戶」。

規定是死的，人是活的！房地產的政策，法令一變動，往往代表著資產的重整，因此從都市計畫的變遷、新政策的執行、公共工程規劃案的過關，都可以找出商機的所在，想賺錢，不可不知。

招式四：歹竹好筍原則

有趣的是，低點除了與「時機」有關外，就算是在高房價時代，也可能有便宜貨可選。目前經營記憶學校的藝人陳俊生，就相當擅長在高價地段、時期，撿到便宜。以房地產投資為副業的他，多年來曾買賣過十數棟房子，也賺得近億元的報酬，但令人訝異的是，讓陳俊生致富的房子，卻多半是屋況有問題或賣相不佳，眾人眼中的「爛貨」。因為他認為，惟有這些滯銷貨，開價才會低於行情，甚至還能再殺價，由於在介入點就占了優勢，買下後只要經過裝修加值，就很容易賺到價差。

於是多年來陳俊生秉持著「不在乎屋況好不好，只在乎好不好加值」的原則買房，畢竟接手的人往往「只在乎現在擁有，不在乎過去多醜」！而這種懂得買主心態而賺到差價的人，還不只陳俊生一個。另一位我採訪過的達人，在台南擁有十數間房子的林惠敏，就是個擅長打心理戰的投資客。問她為何總能賣到高價退場？只見林惠敏一派輕鬆地說：「因為我在進場時，就想到退場時買家會是誰！」多年前她看中位於仁德一棟三層樓位於交通要衝、近學區的三角窗透天厝，當時所有人都不敢相信居然會有投資客在這個超冷門的市場買房，但林惠敏卻獨排眾議，心想，這拿來賣給補教業，一定搶手。因此，儘管當年仁德因水患問題而房價大跌，她仍堅持用五百萬元標下房子，而進場後，林惠敏打掉房子的隔間，整修成教室格局，鎖定補教業買主，沒想到最後則翻倍以一千萬元賣出。

步驟二：養房

招式五：聚寶盆原則

賣房、租房就像吊金龜婿，想要贏得好報酬，自己就要懂得妝點妝點，讓人看得上！其實，無論住宅或店面，若能藉由施工加以空間分割或分時出租，劃分為多單位，皆可有效增加租報率。此外，室內若能借由簡易裝潢、布置，亦可提高行情。

然而，好房子不但可靠租和賣帶財，倘若懂得操作，即使不是店面，也可以營利。目前在台中逢甲商圈經營民宿有聲有色的劉建宗與廖雅惠夫婦，原本在逢甲大學附近投資了三間小套房，孰料，才剛進場，就因景氣衰退而一直跌價，連租金也年年調低。然而正當飽受「套牢」之苦時，某次朋友隨口說了一句：「房子這麼漂亮，逛逢甲夜市又方便，乾脆當旅館好了！」這給了劉建宗一記當頭棒喝，於是當下就決定改變出租方式，以類旅店的方式，日租給旅客。而目前，他的幾間套房日租價位在八百元到二千元不等，每月共有五至八萬元的收益，遠遠超出當初租給學生二萬多的價位，不但讓套房及房貸解套，還意外成為生財工具。

步驟三：賣房

招式六：明哲保身原則

不過，值得一提的是，凡是投資，就有風險，因此聰明解套、停損，也是每個在房市投資人必學的「防身術」。有位投資達人就跟我說，她自己的房子，除非出租、自住或店面，否則不會放超過三年，一但扣除成本後的獲利，超過二成時就考慮出場，反之，假設房價下跌，就要懂得「明哲保身」，要懂得停損，寧願小賠保留實力，再把錢拿去投資下一個潛力股。

除了房子外，土地買賣，亦是投資客熱衷的標的。而想投資土地的人，得要記住三件事，第一是時機；第二是土地周邊的環境，第三則是市場性。

1.時機

當某一區域內的馬路開闢了，公園、學校、市場也陸續設立，生活機能好了，房子自然有所需求，此時建商會搶進買土地蓋房子，由於這是低檔進場，土地就會漲，形成投資效益。不過，當建商大量湧進，相繼推案搶商機時，就是該獲利了結該出場的時候了。

2.環境

投資土地，優先選擇好地段的臨路邊土地，其次選擇巷內土地；郊區則要選擇交通方便、生活機能齊備、環境好的土地。

3.市場性

投資土地，謹記不要投資「布袋型」的區域。所謂布袋型的土地就是到達該筆土地的出入交通只有一條路，出入該區域也只有一條路，交通無法四通八達的地區，發展性不會太好，就不會吸引人口進來。人口不成長，發展自然受限。

■ 以下5個步驟教你順利當個投資達人

步驟1：多看、多學

透過書籍、網路、演講、報章雜誌，學習不動產投資的相關知識、經濟情勢、房市走向等。此外，法律、稅務、室內設計等領域也應該涉獵。

↓

步驟2：做好資金調度

至少準備 3 成資金，2 成當自備款、1 成裝潢或周轉金周轉。

↓

步驟3：尋找案源

1. 與仲介員建立良好的合作默契（一般估計 8 成以上案源來自房屋仲介），該給的禮數不要吝嗇（例如成交後的紅包），才能拿到好案子。
2. 透過法拍業者網站等搜尋相關法拍資訊。
3. 第一次投資，至少看完100間房子才算跨過門檻，先建立對市場的敏感度，不必急於出手。

↓

步驟4：找個好幫手

1. 優秀代書可以幫你爭取到好的銀行融資條件；在買賣標的出現各種疑難雜症時，還能幫你解決問題。
2. 找到固定配合的設計師、裝潢包商團隊。透過恰當的設計加工，可以提高房子賣相，價格、周轉率都會提高。

↓

步驟5：新手得再三考慮

1. 寧近勿遠（從住家附近熟悉的地點開始入門）
2. 寧簡勿繁（從簡單的案子做起，難搞的案子雖然潛在獲利較高，但新手勿近）
3. 寧多勿少（哪兒人多往哪裡去，人潮代表錢潮、不要遠離群眾）

資料來源：作者整理

第4章 站穩地利，屋型對了住起來更幸福

買到物超所值的便宜好房，靠得是「天時」，而買到好用又舒適的窩，則得要靠「地利」！其實在社會多元化的台灣，房子的型式也是琳琅滿目，就以屋齡來說，就可分為預售屋、新成屋和中古屋，而就建築物型態來分，則有大樓、透天、公寓和套房之分。「屋齡」關係到的是購屋者本身預算及資金的問題，至於「屋型」則與你的生活習慣息息相關，而青菜蘿蔔各有所好，挑到最適合的就是好的。

在這一篇，要協助大家的是如何就自己的現況選對適合自己的房子類型，一但確立了，將會讓你在茫茫屋海中更加聚焦，集中火力，買到幸福好房。

第1節：房屋年齡不同，各有巧妙玄機！

買房！到底該買新屋還是中古屋？這是許多購屋者在挑房子時最早面臨到的問題，但其實新屋和舊屋，各有其優缺點，因此換個角度思考，「無論新屋、舊屋只要適合您住的，就是好屋！」，所以，要買哪一種屋，反而是得反問自己的需求，盤整自己的能力，再來決定所要購買的房型。

一般而言，若以房子的屋齡來區分房型，可分為預售屋、新成屋和中古屋三大類型，預售屋指的是，還沒完工或未取得使用執照的房子，購屋者只能藉由案場銷售中心的模型、樣品屋以及格局圖、樓層規劃平面圖、空間設計平圖等來想像房子的樣貌；而中古屋指的已經完工且有人住過的二手屋；至於新成屋則是屋齡介於預售屋和中古屋間的房子，市場上會將「剛完工且未賣出」或「預售時剩下的餘戶」，要不就是「屋齡二年以下且無人住過的一手屋」統稱為新成屋。

資金、增值、屋況、社區四大指標 三大屋型高下立見

值得注意的是，屋齡不同，價值不同，進一步來說，連帶的會使得購屋者的繳款壓力、房子的增值性、屋內的使用狀況和社區的大環境產生差異。因此，在評估自己適合買哪種房子時，可分別就自己的資金壓力狀況、對房子未來增值期望、忍受屋況良窳的程度以及

對社區環境的重視度等四大指標來判斷。

首先，在資金壓力上，由於預售屋屋齡最新，再加上建商售屋牌價多半是開未來行情，因此價位會遠高於同區域的中古屋和新成屋，消費者得承擔較高的購屋壓力，不過一般來說，預售屋受惠於銀行鑑價較高，相對的，貸款成數也較高，再加上自備款是在交屋前依工期分階段給付，因此儘管購屋總價最高，但交屋前的資金壓力反而是最小的。至於中古屋因為價位較低，於是銀行通常給的貸款成數也不如預售屋高，再加上一但買定，自備款也得一次備足，無法如預售屋可分期給付，若還需要裝潢，交屋前資金壓力反而是眾屋型裏最大的。而新成屋則價位中等，貸款成數和預售屋相仿，只是自備款也和中古屋一樣，得一次備足。

就增值情況來說，若以同一地段而論，預售屋受惠於屋齡最新，相對較搶手，因此好脫手，也最容易增值，反之，中古屋則較不容易增值，不過，倘若中古屋已具備都更條件，則反而會成為投資良品，會有瞬間增值的效應。

至於屋況，預售屋交屋後屋況是全新的，設備也新，再加上在施工之初，就可依屋主進行客製化調整格局和設計，但偏偏購屋者在買定前，因為缺乏實物實景作為判斷，風險也較大。反之，中古屋，屋況較舊，屋主購屋時，恐得負擔水電管線等設備更換的費用。因此，相對而言，就屋況來說，新成屋就較占優勢，比起中古屋，其屋況新，設備也新，卻也比預售屋多了實屋可親身體驗判定的好處，風險低於預售屋。只不過，假使格局和設計若改變，由於屋子已打造完成，就需額外花費裝修費。

而許多人選擇住所時，十分重視鄰居的素質，假設「擇鄰處」是你的堅持，反倒是中古屋比較容易作出明確的判別，畢竟老社區的居民結構和社區文化已經成形，因此，一眼就能評估適不適合自己，但預售屋和新成屋，由於看不到鄰居是誰，就得承擔遇到惡鄰的風險。

值得注意的是，市場上普遍認為，預售屋的行情應該比中古屋貴，但很多人忽略了一點，在你買下預售屋後，不管屋齡多久、有沒有人入住，只要轉手後，在定義上預售屋就變成了中古屋，哪怕單價稍有成長，但只要將裝潢折舊損失、賦稅利息負擔等成本納入後，很可能就沒有什麼賺頭了，這是值得想短進短出的投資客所要注意的。

因此，想要操作預售屋，使其價值超過中古屋，首先必需慎用財務槓桿。因為建商為了促銷，通常會祭出許多優惠，例如工程零付款、交屋送裝潢、貸款低利率等等，你不妨利用這些資源，加上自己手上的資金輕鬆購入，然後再趁買氣正旺時轉手賣掉，以賺取價差。

不過，必需強調的是，這種「買空賣空」的方法，比較適合經驗老到的投資客，不建議一般人採用，畢竟算錯一個時機，很容易就變成燙手山芋了。

■三分鐘測出你適合哪種屋？

回答下列問題，將您所選的選項一一記錄下來，看看哪個選項最多，即為您所適合的屋型，如A選了5次、B為2次、C為4次，那麼您所適合購買的房型，即為A型。

____1.你買房後，是否急著要搬進去？

A.不急，我可以先租，甚至等一至二年後再搬進去就好了

B.很急，最好一交屋就可以立刻入住

C.急歸急，但交屋後還可以等個一至二個月裝修

____2.對於你的新家，你在不在乎屋子的新舊？

A.非常在乎，我不能忍受房子有人使用過或已經空屋一段時間了

B.雖然在乎，但只要是沒人住過的，設備也還算新就可以了

C.不在乎，反正到時候重新裝潢就可以解決了

____3.對於買房子，你的自備款夠多嗎？

A.非常少，大概只有房子總價的二成不到，且可能無法一次備齊，得慢慢籌措

B.沒很多，大約是房子總價的二至四成左右，但籌足現金了

C.還差強人意，大概有房子總價的四成以上，甚至還預留了一筆裝修費

____4.談到房價，你希望你的房子的價格是..？

A.房價是其次，重要的是環境和房子的品質，價位只要不要過高就好

B.得合乎區域的行情

C.買到低價最重要，其他的都很其次了

____5.對於房子的後市行情，你很在乎嗎？

A.非常在乎，我希望未來我的房價能大漲

B.還好，能漲最好，但也沒期待大漲

C.反正是自住，未來漲不漲還好啦

____6.你很在乎你住家社區管理和鄰居素質嗎？

A.這我沒辦法控管，只要不太差，其他無所謂

B.會稍微看一下，但不會是選擇住家的最主要因素

C.非常重視，甚至我會因為鄰居和社區管理不好而搬家

統計：A.______ B.______ C.______

測驗結果：

您的答案中，哪一個選項最多？

A最多

您最適合看預售屋，但如果您很急著要搬到新家住，可能得考慮暫時先租房，等交屋再搬進去，至於社區管理和鄰居品質，可諮詢建商預售時期對未來的管理機制設計是否完善，並同時側面了解目前下訂的族群多半是何許人也。

B最多

剛完工的新成屋或屋齡尚輕的一手房最適合您了，倘若碰到自備款不足的問題，可能得先向親友借貸。

C最多

中古屋可能會是你的首選，只不過假使你很在意屋況，就得多花一筆錢裝修。

■一眼看穿三大屋型的優缺點

屋型	預售屋	新成屋	中古屋
定義	未完工或未取得使用執照者	1. 剛完工且未賣出 2. 預售時剩下的餘戶 3. 屋齡 2 年以下且無人住過的一手屋	已完工且有人住過的二手屋
資金壓力	價位較高，但貸款成數高，自備款在交屋前可分階段給付，交屋前資金壓力最小	價位中等，貸款成數和預售屋相仿，惟自備款得一次備足	價位較低，惟貸款成數也較低，自備款也得一次備足，且恐需另花費裝潢資金，交屋前資金壓力最大
增值性	高	中	低
屋況	全新屋況，設備新，且可客製化調整格局和設計，惟無實物實景，風險大	屋況新，設備也新，實屋可親身體驗判定，風險低，但格局和設計若改變需花費裝修費	屋況較舊，水電管線等設備恐需更換
社區環境	未知	磨合中	管理、居民和生活機能皆已成形
主流族群	快速轉手的投資族群以及自有資金較少的年輕人	有立即住屋需求，重視屋況，但資金有限的自住客	重生活機能、社區管理和居民素質，且資金充裕者

資料來源：作者整理

第2節：大樓氣宇非凡，生活設施齊備！

大樓的優點是贏在良善的整體規劃，最大好處是可以享有其他屋型所享受不到的公共空間和公共權益，舉例而言，最令大台北地區民眾感到困擾的垃圾不落地問題，常讓上班族得為了倒垃圾而趕回去迎接垃圾車，但部分大樓由於有管委會統一處理，或者是有垃圾集中處，因而不用苦苦守候。另外，也因為有管理員，在收發信件時也有人代收、門禁安全也有人看顧，無形中，生活品質大幅提升。

不過也正因為如此，一但缺乏有效率的管理，再好的硬體設計，最終反而會成為社區糾紛的源頭。因此買社區大樓，不盯緊管委會是不行的，另外買大樓最常遇到的則是公設的問題，相較於其他屋型，大樓由於公設多，使得購屋成本很大部分是花在公共空間，致使私人自有空間比一般同權狀坪數的屋型小得多，因此購屋者得評估使用公設的頻率，再看看是否該花這筆錢買社區住宅。

另外，由於大樓戶數多，出入也較複雜，選擇大樓產品時，得留意電梯和總戶數比例是否足夠，一般來說，至少平均每二十至三十戶就得擁有一部電梯，否則就會面臨苦等電梯的窘境。由於住戶多，如果社區的逃生樓梯的寬度不足，會影響逃生速度，此外電梯也不能太小，因為一旦如此，大型家具進不了電梯也會造成搬家裝潢上的困擾。

而有些集合式住宅屬複合式格局，社區內往往包含小套房、二房、三房甚至四房產品，訴求的族群含蓋單身、首購、小家庭以及三代同堂，雖然對於買方來說，選擇較多，但也意謂著出入人口較雜，是購屋時得考慮的。

而除了住戶結構外，好的社區大樓也必需門禁管理嚴謹，否則就失去了大樓的優勢。消費者在看屋時可以趁著跟房仲業者或是屋主約好進社區時，觀察管理員是否會主動詢問你前往的目的和拜訪對象。其中最理想的管理方式，就是會要求外人先登記拜訪資料，然後在大廳等候，等管理員透過電話或對講機和屋主確認後放行。甚至屋齡較新的大樓，電梯還會設置感應卡來控管出入人員。

也由於戶數多，假使空屋率過高或有人繳不出房貸斷頭賤價出售，都很容易拖累整個社區的房價，因此，買大樓產品需要觀察大樓的自住比率，以觀察是否投資客過多，有造成跌價的危機。評估的方式：一、可觀察住戶信箱，一旦住戶信箱很整潔，代表每天都有人固定拿信，表示入住率很高，投資客就較少；二、觀察停車場夜間停放量，一但停放量夠高，也代表自住客很高，空屋率少。

另外，若社區張貼著大量的租售廣告紅單，也可能意味著以下之情況：一、社區投資客多，純住戶比率不高，最常發生在剛落成的前三年。二、該社區居住環境不理想，住戶紛紛拋售，去化速度又慢。

至於樓層和屋齡的選擇，建議最好挑七樓以上、不臨馬路的高樓層物件，因為這種樓層採光佳，住起來舒服，不過頂樓也非首選，因為頂樓常會有漏水和夏天太陽直曬會過熱的問題。而屋齡方面，因為社區大樓產品眾多，脫手時就得面臨市場競爭問題，由於買屋人多半會希望住進新房子，因此將心比心，在挑選中古大樓時，屋齡最好壓在十五年以內，即使在台北市也不要超過二十年，如此一來，在將來脫手時才能擴大打擊面。

■挑大樓必需注意的小細節

1.監視系統是否正常運作

由於監視系統關係到社區的安全，一般來說，公共空間如地下室、頂樓出口、大門入口、電梯出口、兒童遊戲室等，都應架設監視系統。

2.水電、瓦斯安全保固證明

水電、瓦斯來源若不穩定，將影響生活居住品質，可以請建商出具保固證明，提供安全檢測過關的證明。另外，水源的供給分為地下水、社區淨水系統過濾或由自來水公司拉管線供應：燃料能源提供分為瓦斯或電力，而瓦斯又分為天然瓦斯及桶裝瓦斯，前者問題較小，若為後者，則得考慮未來補給的便利性。

第3節：公寓春光宜人，購屋價錢親民！

相對於大樓，對消費者而言，老公寓最吸引購屋者的就是零公設了！不但使用公間較大，價格還比較實惠，若又兼具都更題材，讓老屋變身黃金屋，更有翻倍加持的效應。

所謂的公寓，指的是沒有電梯的四、五樓建築，扣除像透天厝、別墅等特殊產品，公寓通常屋齡很舊，若是為了自住，家裏又沒有長輩同住，則無需擔心爬樓梯問題。

至於買老舊公寓可注意以下幾個訣竅：

壹、雙併公寓最理想

公寓產品可分為很多種，有些是面臨大馬路的連棟公寓，為一層一戶、一棟只有一個樓梯出入口的產品，礙於面寬有限，該建築樓梯通常很狹長且陡峭，較不理想，且多為狹長型建築，等於是除前後陽台外，其餘房間皆為暗房，是最不理想的選擇。而相反的，若是緊鄰大馬路第一排或第二排巷弄裏的雙併公寓，依樓高來看，戶數約為六至十戶，同樓層又只有對門鄰居，環境則較單純。

貳、附屬建物未計入權狀

由於早年的公寓有許多公設，如樓梯間、房子的附屬建物如陽台、露台或是向後方增建的房間、廚房都沒有登記在建物權狀中，未來還可以申請補登記，以增加權狀面積，相當划算。但假使你買屋時，原屋主早已補過，而且已把價格灌入，這時就得要精算其合理性。畢竟露台、平台、陽台、花台等附屬建物的價格只能算主建物三分之一價，因此得要算清楚。

參、避開傳統市場的老公寓

選擇鄰近商圈或市場的公寓，生活機能好，但若是在傳統市場很可能每逢清晨四、五點就會有人擾你清夢，還可能傳來牲畜及漁獲腥味，可得要格外深思！此外，傳統市場的一樓多半是店面，門口還租給臨時攤販作生意，除了環境較亂外，這種屋主也多半不願都更，像這類型的公寓，就不用抱太大的希望它能都更了！

肆、台北縣市頂樓加蓋公寓最划算

在大台北地區若能買到公寓頂樓，又有加蓋的產品，就可以賺到多餘的使用空間。只不過，若頂樓加蓋物很老舊，買屋時就必需把頂樓加蓋的裝修成本也計算進去。更值得注意的是，同樣是頂加，四樓頂加又比五樓頂加來得好，因為公寓是沒有電梯的，五樓頂加等於是六樓了，爬樓梯相當費力，賣相也較不好。

伍、巷口比巷底好

越接近巷口的公寓保值效果佳，因此要避免買巷子很深的巷底房子，特別是死巷，一來出入不方便，二來又有風水上的忌諱，脫手不易。

相對而言，想住進有電梯的大樓，又不想受社區管理規範約束，傳統華廈則是個好選擇。所謂華廈，是指七至十二層樓高，又有電梯的大樓，之所以樓層不高，是因為通常華廈的基地面積不大，為了符合容積率與建蔽率的限制，樓層無法興建太高。若是一九八三年台北市開始實施容積管制相關辦法以前的老華廈，則是早年在二至四層公寓大批興建後，隨著時代進步而升級的產品。

以台北市為例，七層樓的華廈有的是雙併，有的則是一層三至四戶，由於住戶少，所以養不起管理員，或只能請鐘點式的保全警衛，這種華廈通常以純住宅居多。而十二樓的華廈，屋齡通常比七樓華廈新，基地面積也較大，因此一層樓也有四戶，共用一至二部電梯，但相對而言這類華廈不少屬於住辦混合型大樓，出入分子會較複雜。

第4節：套房短小精幹，單身貴族最愛！

一般而言，會買套房的人，通常為的就是想拿「空間」來換取「距離」。也就是說，寧願擠在「坪數雖小、五臟具全」的窩，也不願多花一點時間買在郊區的大房，能縮短多長的通勤時間就盡量縮短。因此，假設你就是這種「方便比舒適」更重要的人，地段便是首要考量，也就是要選在交通便利的地方，才不枉你犧牲了空間。

此外房屋狀況以及社區管理也是挑套房的重點。在屋況方面，有別於其他屋型，套房的大小多半是十至十八坪左右不等，目前甚至還出現了十坪以下的迷你套房。**我建議，最好要挑權狀登記在十二坪以上的產品，因為這在申請貸款時，比較不容易遭到銀行拒絕。**

另外，最好選擇坪數十坪以上的產品，至少能隔出一廳一房。二房以上的產品市場接受度較高，通常房價也能多個一成。而由於挑高四米二的套房的建照已經停發，市面上的套房多以三米六居多，不過因為消費者大多偏好四米二產品，因此若能買到這種中古套房，又能規劃合法的夾層作使用，則相對價值較高。

由於套房相對於其他屋型，評比較低，因此核貸限制較多，成數較低、利率也較高。由於新銀行和外商銀行較無設限，因此，套房屋主可以選擇跟這些銀行借貸。

■ 套房的種類千百種，哪一類適合你？

類型	狀況
學生套房	多半位於學區附近，大多提供學生外宿之用
車站套房	位於捷運站或公車轉運站附近，以上班通勤族居住居多
辦公套房	位於商業鼎盛或科學園區附近，以提供白領階級居住，或開立個人工作室為主
學區套房	與學生套房不同的是，其位於明星學校附近，多半是父母為了卡位而購買的房子
景觀套房	鄰近風景區如溫泉、農場……等，多半是退休族或中上階層假日休閒之用的
照護套房	位於醫院附近，以方照顧生病親友或有利於看病為主要目的

資料來源：作者整理

■ 不同的房型，包租的效益也不同喔！

各種屋型的投資報酬率（年租金／房屋總價）

產品類別	投報率
套房	3～8%
公寓、大樓	2～5%
店面	3～12%

資料來源：作者整理

第5節：透天地大物博，地產價值最高！

盛行於台灣中南部地區的透天厝，以及傳統美式屋型都是兩層樓設計，但這種房屋到了台灣之後，台灣人開始將之發展成三層樓，主要希望能增加使用空間，這依個人喜好而定。相對於其他類型，透天厝最大的好處就是擁有土地持分，但缺點就是通常屋型較狹長，且室內擁有樓梯會占據使用空間。

透天厝除了可以買地自建外，亦可以直接購買社區透天厝，而選擇透天厝大約有下列幾項重點：

壹、土地使用分區最好是「住一」

由於住二、住三類是屬於住商混合區，可作為店面使用，若是想買透天厝兼作店面，則可考慮，但這種產品居家品質會較為混雜，而住一則大多屬於純住宅用地，不會坐落於主幹道旁，環境較單純。

貳、地坪三十坪以上較優：

由於透天厝需保留前後院與側院空間，加上室內規劃，三十坪以上對住戶來說較為舒適。

買透天厝，多少價錢才合理？

相對於大樓、公寓和套房等集合式住宅，計價方式都用每坪單價來算，透天厝由於包含土地價值，因此表價都是用總價，一般購屋者很難和區域行情作比較。別急！要算出透天厝的合理價，你必需先將土地和建物分開來看，例如，你所買的透天厝，地坪是 20 坪，建坪則為 50 坪，計算方式如下：

1. 先算土地價格
公式：土地每坪單價×土地坪數＝地價 如：當地行情為每坪 100 萬，地價則為 200 萬元
2. 再算建物價值
公式：建物的每坪造價×建物坪數＝屋價 如：該建案的建物每坪造價為 10 萬，屋價則為 500 萬
3. 合計地價和屋價
地價＋屋價＝透天厝價格，也就是 700 萬

資料來源：作者整理

第6節：工業住宅便宜，隱藏風險宜慎！

在房價高漲的今日，前一陣子相當盛行一類在工業區土地上興建的住宅，這類型的房子，由於開價比一般用地的住宅來得便宜，飽受歡迎。但我必需提醒，工業用地住宅始終是「房價較低，但爭議不少」的產品！

首先，工業住宅的相關賦稅、水電費比一般住宅高，且有脫手不易的問題。只是，財政部於一九九七年發布解釋令，工業用地如果符合自用住宅用地的規定，即可申辦自用住宅用地優惠地價稅，水電費率亦可比照自用住宅。

另外，行政院所提撥的優惠房貸部分，依照央行所訂的作業準則規定，申辦的建物所有權狀主要用途欄須登載有「住宅」或「住」字樣之建築物才能申辦。工業住宅雖然名義上是作為住宅使用，但其建物的主要用途是依照使用執照的登載為準，如果工業住宅的建造執照、使用執照是以「一般事務所」、「一般零售業」等名義申請，則無法申辦優惠房貸。

此外，購屋者也要注意，購買工業住宅，若之後遭受政府處分，也是由消費者自行承擔，這是想撿便宜購屋者，不能輕忽的真相。

第5章 講究人和，貴人來了買房時事半功倍

在職場上，有所謂讓你升官發財的貴人，而買房子，一樣能有讓你買到超值好房的貴人！畢竟房地產並不是一個價格統一的物品，甚至連每個個案的樣貌條件都不盡相同，因此，找房子需要門道、談價時需要管道、貸款時也要有通道，操作房地產「人脈」是不可或缺的。

我曾經採訪過不少房市投資高手，他們幾乎旗下都有所謂的固定合作班底，包括信得過的仲介、長期合作的銀行行員，甚至投資客和投資客彼此之間還會組成聯誼會交換訊息。或許你會問：「我只是單純要自住，陣容不需搞得這麼龐大啦！」，但我要說，「那可不一定！」

猶記得我第一次購屋時，是因為和內人的婚期已近，需要買房自住，但由於沒

經驗，為了累積看房經驗，我和準老婆犧牲掉約會逛街的時間，每逢假日，相約的地點就是某某區域的房仲店頭，這其中我接觸過不少仲介，也從和仲介們聊房子的過程中，累積了不少寶貴的經驗，前前後後看了數十間的物件，到最後，我們跟一些聊得來的仲介成為朋友，他們一有適合我們的房子，就會立刻告訴我，而讓我們買定離手的正好是第五十間房，而這間房買入至今，我們一家住來舒適又滿意，而且八年後的今天，行情已是當年的三倍。

所以，多年來，對於「房市人脈學」，我有句話想說，「逛百貨公司不如逛房仲公司」，意謂著，徒然在家空想冥想，倒不如走出去多認識幾個對你有幫助的貴人！

■助你買到便宜好房的五個貴「人」

1. **仲介員：**多逛房仲店頭，藉由仲介廣泛的物件來源，挑到適合投資的好貨。
2. **銀行員：**與行員打好關係，不但掌握銀拍、法拍資訊，又可取得低利貸款。
3. **管理員：**泛指大樓管理員、住戶、店頭店東、承租戶，對於難以介入的物件，可取得第一手買賣消息，趁早介入。
4. **官員：**指熟稔政策法令更動的人，可藉其了解新政策，掌握初升段。

第1節：那些年，我們曾遇過的仲介

所謂「業務嘴糊蕊蕊」，因此在看房子時，把物件講得天花亂墜的房仲、代銷業務員總讓購屋者心存芥蒂，每個人心中都不免碎唸，「又再話唬爛了！」因此，我周邊不少朋友，買賣房子是不找仲介的，就算找了仲介、進了銷售案場，也自然而然地戒備，這也就是何以市場上一有識破建商、房仲話術的書報雜誌一發行，就會造成熱銷的主因了。但買房子真的最好不要找房仲嗎？我想專家的意思也不是如此，否則也用不著教授大家進了案場和房仲店頭時，要注意的種種事項了。

在我看來，找房屋仲介公司買房子，雖然要多付一筆服務費，但在分秒必爭的工商業，時間就是金錢，其實真的省掉你不少麻煩，仲介對於行情、屋況、法令、交易程序、節稅方法都遠比一般小市民清楚，最重要的是，舉凡貸款、過戶等煩索的項目，也都有人代辦，再加上，一般房仲也都有實施所謂的保固期或「安心保固」，也就是房子買了之後，你不怕賣方遠走高飛，房仲本身有義務幫你處理善後。因此，除非你專業至極，否則我寧願找專業人士服務。

不過，找房仲和銷售員幫你處理鎖碎的買房雜事，固然好，但前提是，要找到對的。

依我的經驗，我建議，或許你可以依循以下幾個脈絡找到好的房仲：

技巧一：查驗身分，看是否有合法登記的證書

醫生執業要有醫師執照，仲介業也一樣，房仲或代銷開業前需先取得地政主管機關核准，才能申請不動產仲介經紀業營業許可登記，且每個服務據點，至少要有一位國家考試核可的專任經紀人。根據內政部《不動產經紀業管理條例施行細則》第二十一條規定，房仲者應於營業處所明顯之處揭示以下文件：1.經紀業許可函；2.營利事業證記證；3.商業同業公會會員證書；4.不動產經紀人證書等。因此，消費者走到房仲店頭時，可觀察上述文件是否齊備，若遍尋不著，可要求房仲出示。

另外，為了保障消費者權益，房仲業也有一項成文規定，也就是「業必歸會」，亦即一成立店面，就要加入當地不動產經紀商業公會，並依規定繳納營業保證金，一般來說，單家仲介繳納金都達二十五萬元以上，這筆保證金是作為未來發生購屋糾紛時的賠償基金。因此^在接觸房仲業時，可要求查看營保基金的繳存證明。

技巧二：了解需求，挑選直營店或加盟店

在確認了房仲業者身分是否合法後，進一步要了解的是該仲介公司的經營型態，一般仲介分為直營和加盟。而這兩者最大的差異是，直營店是隸屬在總公司之下，所有的員工薪水和獎金，都是由總公司支付，此外，直營體系下聘用的房仲經紀人與業務員，也是經由教育訓練後派任；總公司負責提供各分店成立的所有資源，也會為各分店的服務內容提供保障。而加盟店則是繳納一筆權利金，使用連鎖品牌的招牌，制度與服務內容各店各有所異。倘若不幸發生購屋糾紛，在直營店店長無法解決時，則由總公司出面，在加盟店則是由出錢加盟的店東解決。不動產經紀業管理條例有規定，加盟業者必需在廣告、店面招牌以及名片上，明顯標明「加盟店」或「加盟經營」字樣。

相對於直營店對買賣雙方較有保障，加盟店則占有在地深耕的優勢，有些店東（出錢加盟的老闆）在單一區域就開設了數家店，因此對當地的房價區間、待售案件的狀況都瞭若指掌。而且由於不像直營系統有保障底薪，完全依靠成交帶來的業績收入，因此對於客戶的追蹤，往往抱著非常積極的態度。也因為業務員抽佣比率比較豐厚，為爭取高報酬，往往也較能吸引企圖心較高或資歷較深的業務員加入。相對地，部分素質較差的加盟店，則會為了加速成交，衍生交易細節的糾紛。

至於直營店，因為人事權都掌握在總公司，旗下員工被調動的機率相當高，常常有十多年的老業務員，一旦被調職，就得重新認識商圈的狀況。不過，直營店由於是由總公司派員展店，因而會徹底執行各項制度，像是保障交易的「成屋履約保證」，多會主動為客戶辦理。也因為重視長期品牌經營，直營店在篩選委託銷售物件時，就會進行較完整的產權調查，如當房屋座落於道路或公園用地，未來有可能會遭到徵收，直營店就可能不會接受賣方委託。

另外，市面上也有不少「邊際店」，所謂的邊際店是指店頭如蜻蜓點水一樣，遊走於各房仲品牌之間，發現哪家連鎖房仲品牌近期主打加盟優惠，就轉招（轉換招牌）至該品牌之下，加盟時間都不久，這類型的店最易出現交易瑕疵，客訴案件自然就多。

技巧三：親身感受，從談話中了解仲介專業性

根據內政部針對房地產消費糾紛的統計發現，每季的消費糾紛就有上百件，而除了「房屋漏水」屬於「物件瑕疵」糾紛之外，其他幾乎都屬於「仲介服務的認知與處理」問題，這包括「隱瞞重要資訊」，如凶宅、海砂屋等，或「終止買賣契約」，這其中，尤以「隱瞞重要資訊」糾紛高居榜首。有些仲介為了快速促成交易或希望賺取較高額的服務費，還可能會提供不實的成交價，低估房屋行情或高報房價，買方其實可以多跟鄰近的房仲探詢行情，以了解所委託的房仲是否欠缺專業修養。

技巧四：確認價金是否有交付第三者信託

在決定優質的房仲品牌後，消費者可以透過仲介啟動「履約保證」制度，進一步保障房屋交易的安全。所謂的「履約保證」制度就是在保護買賣雙方的財產安全下，建立一個付

款中間人以消弭雙方的不信任，而中間人是由與買賣雙方無利害關係的公正第三者託管買方價金，待雙方契約條件到達時，才交付給雙方的交易方法。也就是說，將房屋所有交易都匯入指定的專戶，若因故無法完成交易，買方不用擔心付錢後賣方不交屋，賣方心不需擔心房子賣出去後卻拿不到錢，可以確保房屋交易正常進行，給予雙方財產安全的保障。

只是履約保證的服務費依各家的狀況不同，一般而言大約是交易總價萬分之四至萬分之六，買賣方各半，這等於是支付一小筆金額，讓財產安全無虞。也有另一種方式則是可由買賣雙方自行委託銀行辦理「成屋買賣價金信託」，而買方支付給賣方的款項通常可分為簽約款、備證款、完稅款、交屋款等四期，各期款項依交易習慣大約為買賣總價的一〇%、一〇%、一〇%及七〇%，而各期價金放於信託專戶，就可達到安全保障，依個案不同，銀行業收費標準介於買賣金額的萬分之六至萬分之十。

■買房子，自己處理和委託房仲代辦，哪個好？

自購、自售及委託仲介公司之比較

比較項目	自購	委託仲介公司
購屋資金規劃	本身須有理財概念	服務項目之一
區域行情掌握	較無法得到接近市值資料	能提供電腦連線資料查詢
房價評估	較無法得知房屋合理的價位	提供專人免費房價諮詢
房屋周遭環境掌握	必須親自蒐集資訊	各分店對當地商圈瞭若指掌資料詳盡
時間成本	須花費大量時間及精力	省去許多時間成本
房地產處理程序掌握	多缺乏經驗	經驗豐富
交易時相關法令掌握	本身須花費時間去研究	為房仲公司必備之常識
交易雙方證件身分查驗	較缺乏此類經驗	能專業的檢視證件
交易雙方的徵信	較無法得知交易對方之情況	為房仲公司必調查之過程，能過濾有問題之交易對象，降低交易風險
代書的選擇	須多方打聽信譽良好代書	設有專任代書
契約書之簽訂	較無經驗，易喪失自身權益	有豐富經驗，能注意契約書有無漏洞
節省稅費及稅費之計算	相關節稅資料缺乏	服務項目之一
服務費用	無	買方：房屋成交總價的1% 賣方：房屋成交總價的4%

資料來源：作者整理

第2節：那些話，我們曾被意亂情迷

其實，一般而言，和房仲、代銷接觸，消費者耽心的倒不是交易過程出現了什麼疪漏，而是最怕被業務員的話術給唬住了。其實要辨別這些業務人員的話術真偽是有方法的，大致得掌握下列三大關鍵時機：

壹、詢問價格時

首先，在看屋前，買方需先探詢價格，並了解房仲所推薦的待售物件。由於房仲經紀人會先作「事前促銷」，故意向買方示意所推薦的物件相當搶手，有多組客戶正在探詢價格，甚至若買方在店內，不肖仲介會請同事不時來探詢此物件，並拿鑰匙帶看，特意營造出該物件搶手的氛圍。

另外，部分房仲會特別針對該區域的特殊案件，尤其是成交價特別高的特例以作為宣傳，讓消費者拉高對該區段的價格認知，因此買方也要多方判斷，勿被誤導。

貳、實際看屋時

房仲業者為了營造物件的搶手度，會故意集中帶看時間，將對同一個物件有興趣的買方集中在同一時段，塑造熱賣的氣氛。經驗老到的房仲，還很善長化危機為轉機的話術，將缺點轉為優點，或用優點掩蓋缺點，如二、三十年的老公寓沒有電梯，也沒有好的管理，但房仲往往會說，正因為如此，價格才會這麼漂亮，而且搞不好住個二、三年，就會有機會都更，再賺到一間新房子，購屋人則得小心研判。

參、議價簽約時

若進入到最後的議價和簽約階段，房仲通常會將買方拉回店內，讓自己具有主場優勢，同時也會跟同事事先講好，營造熱銷的氣氛，在議價時，為了讓買方不要輕易反悔或有感覺買賣的心理出現，房仲會先請買方出價，並予以拒絕，藉此抬高房價，如此來回約二次後，才會進入真正的議價談判。

如果買方仍不願出價，房仲也會主動出價或降價以示好，表現誠意，此時買方得清楚自己的價格底線，以免迷思在房仲的話術中。

更需要注意的是，房價是所有條件綜合出來的結果，很多房仲會利用附加條件配合談判技巧來提高售價，例如以剛整修為由或附贈家具讓買方失去心防。等到價格談定後，房仲業會說服買方採取斡旋方式，要買方先付訂金，如此一來可避免買方後悔，房仲也可以衡量是否有交易的誠意。買方一定要了解自己的需求，並仔細問清楚房仲提供的訊息背後是否還有其他隱藏的資訊。

不過，雖說房仲有其交易話術，但這未必代表房仲都是惡質的。畢竟房仲的受託人有買賣兩方，與一般的業務完全都站在賣方立場，想把產品賣出不盡相同，因此選擇優質的房仲，該執行的程序一項都不少，建議最好找店數多、品牌大的集團式房仲，再加上自己理性判斷房仲所言到底是騙人的話術還是有用的資訊，如此一來才能獲得最佳的保障。

■ 4大問題視破房仲的人皮面具

你可以這樣問	好房仲回答	壞房仲回答	話術陷阱
這房子多大？	扣除停車位、陽台、雨遮，以及其他公共設施後，還有××坪	這間使用空間很大…	以「可使用空間」來搪塞，有可能虛灌坪數
這房子有沒有維修過？	屋主曾經換過××和××	為了賣房子，屋主已有整理過了	籠統回答，避提潛在問題，可能會有漏水……等問題
這邊有學區嗎？到菜市場多遠？	走路到學校、去買菜，只要××分鐘	過去一點有學校…	可能不清楚周邊環境或刻意含糊帶過，所謂過去一點，或許還得要走路30分鐘
買房子還有哪些費用？	有契稅、代書費、財產交易所得稅……等費用，你必需要算進去	我們公司會有專門人員處理…	可能是菜鳥，不熟悉法規

資料來源：作者整理

■3步驟助你找到房仲貴人

步驟	評估項目	評估方式
多聽多看	1. 社會評價 2. 企業形象 3. 口碑及品牌知名度	由媒體、親朋好友、消基會、公平會和法院得知是否曾有糾紛訴訟案例或正派經營與否？
登門造訪	1. 公司經營型態 2. 服務態度 3. 敬業態度 4. 專業素養 5. 資訊多寡 6. 免費服務內容 7. 服務費用收取方式 8. 交易過程公平、公正、公開	1. 請店頭出具『不動產經紀業管理條例所規範的五項文件』 A. 經紀業許可文件 B. 公司執照或營利事業登記證 C. 同業公會會員證書 D. 不動產經紀人證書 E. 報酬標準及收取方式 2. 問公司為直營連鎖店或加盟店？服務內容是否相同？ 3. 看人員服務態度是否親切熱忱？ 4. 藉由詢問房市行情、商圈特色、不動產法令稅務等問題瞭解仲介經紀人的專業能力是否值得信賴 5. 提供資訊是否豐富？服務費用合理？買賣資訊流通快速？ 6. 買賣過程透明化、無賺差價行為？
貨比三家	1. 服務效率 2. 保障權益系統是否具全 3. 合理房價評估 4. 產權調查 5. 不動產說明書 6. 代書審查制度 7. 兩段式收費 8. 付款保證 9. 漏水保固 10. 免費代辦優惠稅率 11. 客戶服務專線 12. 節稅建議 13. 法律稅務諮詢服務 14. 不動產資訊刊物提	1. 由公司制度化與否和仲介人員提供資訊回報情形等，評估其服務效率 2. 房價評估結果是否合理？高估或低估？ 3. 有無專業人員進行產權調查，並備有完整不動產說明書以確保產權清楚？ 4. 服務費用收取方式是否採取二段式收費確保服務品質？ 5. 買方付定或價款後，若發生產權糾紛或賣方違約時，仲介公司有無提供付款保證制度，降低買方的損失，額度為何？ 6. 代書過戶作業流程公開化與否？ 7. 仲介公司是否有漏水保固制度，額度為何？

資料來源：作者整理

第3節：那一次，我們曾卡在斡旋金

在買賣房子時，可以反悔嗎？而買賣雙方又該付出什麼代價？

前一陣子我接到朋友Lydia的電話，她知道我曾在房仲公司待過，是上門來求助的。她氣呼呼地說，「房仲真的很過分吔！我們委託看了一間房，原本經過議價斡旋後，想買了，但卻在緊要關頭時，我發現這間房子的輻射檢測數字都過量，就不想買了，但房仲居然威脅我們說，這樣斡旋金是不能拿回來的喲！真的是這樣嗎？」

其實Lydia的情形，是我接觸到所有和房仲糾紛中最普遍的現象，也就是買賣房子，價格議定了，但後悔了，原本付出的斡旋金或訂金會不會付諸東流？於是，我趕緊問她，「你們進行到什麼程度了？只是斡旋成功了？還是已經付訂金了？甚至都已經到要最後過戶了？」，我這樣問，其來有自，因為不同的階段，你能從房仲那爭取回來的權益就大不相同。其中最單純的要算是斡旋階段了。

首先，你得先了解，什麼是斡旋？房地產交易由於金額龐大，為確認買方購屋意願，並保障買賣雙方權益，仲介公司依實務所要而發展出「斡旋金」制度，就是當購屋者在仲介店頭看中一間房子，但心中的買價和屋主的開價有所差距時，為顯示買方之誠意，仲介業者通常會建議買方提出一筆「斡旋金」，以便讓他去和屋主進行議價。

所謂「斡旋金」依一般民間交易習慣，意思為「請求中間人代為奔走協調所出之金額」，但「斡旋金」在民間習慣上以達成買方要求之任務為必要條件，否則斡旋金必須退還。當買賣雙方達成價格上之共識時，斡旋金即轉變成訂金而為買賣價金之一部分，接著買賣雙方即正式會面簽定買賣契約。也就是說，除非後來仲介談定的價格，是買賣雙方都接受了，斡旋金才會全布或是部分轉成訂金，否則這筆錢是要原封不動地還給買方的。因此，一般而言，斡旋金都不會拿現金，而是簽本票就好。

其實在付斡旋金之前，買方就應該進一步確認房屋的產權資料、賣方條件（如標的物現況說明書）、買方條件（如是否符合重購退稅條件）及付款條件（如賣方售價、貸款方式），否則像Lydia一樣，價格都談好了，才發現房子有瑕疵，其實就麻煩許多。

斡旋期間一般以三至七天為限，但這是可以再延期的，購屋者可以和房仲議定一個斡旋最後期限，而且要在約定條文中確定。一但斡旋不成時應在期限到達後三日內無息退還，業者不可用任何名義扣取「手續費」、「車馬費」等費用，可要求業者在合約書中載明。

一般而言，斡旋金額在十萬元以內可使用現金，十萬元以上最好使用本票或個人支票，抬頭以屋主做為指定人，並在支票上註明禁止背書轉讓，同時，應在斡旋解除條款中註明，若屋主不賣，多久以內須退還，及屋主收了反悔不賣應賠償二倍訂金（屋主簽收斡旋金後，既視為訂金金額）。

相對而言，為了配合行之有年的斡旋金制度，目前內政部提出官版「要約書」，供消費者自由選擇，也就是消費者在委託仲介業者購買房屋時，除了支付斡旋金以外，也可以只簽立要約書給仲介公司而不必支付任何款項，這樣仲介公司便依據此份要約書和屋主議價。若屋主同意買方之價格及條件後，買賣雙方即正式會面簽定買賣契約。

然而到底付斡旋金好，還是簽要約書好？理論上要約書雖可和現行的斡旋金制度並行使用，但從實際面來看，單憑一紙要約書，屋主是不太可能輕易相信買方的購屋誠意，議價成功可能性自然比支付斡旋金低，且要約書對買賣雙方違約事件也沒有相關罰則加以約束，所以即便沒有斡旋金被沒收的風險，卻也有不少其他的交易糾紛。在斡旋金與要約書的取捨之間，購屋人不妨以自己的購買意願為考量，如果購屋意願普通，可以選擇以簽立要約書的方式議價，但如果遇上十分中意的房子，而該仲介公司又能提供完整的付款保證制度，那麼以支付若干斡旋金的方式議價，往往較能達到令人滿意的議價結果。

至於違約的責任方面，一般而言，在買賣不動產交易過程中，不論契約之成立是採用斡旋金或要約書的方式，任一方反悔違約，都有一定的罰則。以斡旋金的方式來說，斡旋金轉為訂金後，如買方有反悔不買的狀況，或違反了當初的約定事項而導致沒有辦法進一步簽訂買賣契約時，訂金就會被賣方沒收。反之，假使反悔的是賣方，賣方還得加倍返還當初所收到的訂金。

倘若你使用的是要約書，依規定，賣方承諾簽認要約書內容後，若有任一方反悔違約，違約的那一方就必需賠償房屋總價三%的違約金給對方。簡單地說，在你交易的過程中，簽訂任何的不動產買賣契約書後，若有任一方拒絕、不履行契約或反悔的情形，則另一方可依契約約定完成催告，若仍不履行時，則可解除契約，並依契約請求賠償。

但偷偷告訴各位，能履約就盡量履約，一但真的有情非得已的狀況需要違約的話，其實也可以透過仲介或向對方私下協約，議定一個和平解決的方式，但如果對方硬起來，恐怕只好乖乖接受違約義務。

■ 一分鐘搞懂斡旋金

項目	內　容
別名	亦稱購買意願書
定義	買賣雙方未達承諾簽約前，仲介扮演協調角色，屬於一種「要約行為」。
合約載明	使用的目的、金額、有效期限及是否可以行使撤回權。
費用	依各房仲及契約內容不同，通常是交易總價的 1～3%。
成交後	斡旋金可轉為訂金的一部分。
替代方案	要約書
留意狀況	業務人員會向買方施壓，或聲稱簽下斡旋書沒有利害關係，即使不買都可以退費，但得留意業務人員是否有提到，一旦賣方同意出售，雙方買賣視為成交，此時斡旋金將要轉為訂金。

資料來源：作者整理

■ 到付斡旋金好？還是簽要約書就好？

項目	斡旋金	要約書
目的	業者與賣方進行議價之用	表達買方意願，試探賣方對價格之接受度
特點	1. 便於仲介業者議價，同時也表達買方之誠意 2. 議價成功後直接轉成訂金，以保障買方承購資格，以防賣方反悔 3. 對賣方較有說服力，較易議價 4. 不肖業者或沒有品牌及知名度的小公司會一屋多賣，詐騙斡旋金	1. 表達買方意願，試探賣方價格 2. 不用支付斡旋金，但相對的議價成功機率較低 3. 消費者不知雖未付錢仍須負法律責任，一旦違約，須依法負責賠償相對一方及仲介公司的損失，違約方（通常是買方）損失不小 4. 賣方較不易信任買方購屋意願 5. 容易引發意願不足、輕率要約、增加訴訟糾紛

資料來源：作者整理

第4節：那一回，我們曾因訂金翻臉

一般來說，斡旋金的爭議都發生在交易的初期，還比較容易私下和解，然而一但進入付訂階段，就更麻煩了。訂金指的是，當買方確定要購買不動產時，會先直接支付一筆款項予賣方，而假使賣方也同意買方開出的條件時，便會收取此一款項確認出售意願，這時候，這筆款項就是買方購買該不動產之訂金。

訂金其實在民法債篇第二四八條及第二四九條均有明確的相關規範。簡單來說，一但支付了訂金後，就等於雙方議定的契約已經成立，假使後來因自己的疏忽、家人反對或座向不合……等各種原因而不想購買時，賣方就有權力，理所當然地沒收該筆訂金。因此，在要下訂前，可得要再三確認下列事項：

一、看了喜歡的房子，在付斡旋金、訂金之前，一定要先審閱房屋仲介公司提供的不動產說明書，內容包含土地權狀影本、謄本、建物權狀影本、謄本建物平面圖、地籍圖等相關資料，以確認產權狀態是否抵押設定、假扣押、假處分以及真正坪數、屋齡、是否有加蓋及位於工業區或位於道路預定地等，以確保自己權益。

二、屋況是否均已檢查無瑕疵。

三、買賣條件是否已確認。
四、家中相關人是否均已看屋且同意要購買。
五、自己付款有無問題。

當一切都已檢測過後再支付訂金，才能避免因考慮未周詳而發生反悔，卻又要面對訂金被沒收的窘境。

第5節：那一晚，我們差點夫妻失和

很多人買房，是為了成家，或已經成家，而迫切需要自己的房子，但問題來了！夫妻或情侶買房到底該用誰的名字？

先看以下案例！林先生和林太太是新婚的夫妻，目前有購屋的打算，但是不知道該將房屋列在誰的名下比較好，先生是家中的獨子，但是林太太又覺得登記在先生名下對自己很沒保障，聽朋友說一棟房子可以有兩個以上的共同所有人，於是他們決定要以共同登記的方式來買房。

但或許你會問「這樣真的好嗎？他們會需要注意些什麼呢？在日後的買賣、租賃或是繼承上，會不會衍生出其他的問題呢？」

假設你懂得這麼問，恭禧你，你的顧慮是對的！事實上，在民法上的所有權，一共分為二類，一種是單獨所有權，另一種是共有。法律並沒有限制房屋所有人人數的多寡，案例中的林先生及林太太可以自行衡量個人之利益，選擇登記為單獨所有或多人共有，但登記為多人共有時，法律關係比較複雜，而且容易產生糾紛。因此，關於共有物的使用、收益及處分，法律都有所限制。案例中房屋是林先生、林太太夫妻二人共同出資購買，為了保障各自的權益，其實可以把「應有部分」登記為二人共有，如果沒有特別約定，應有部分的比例，則建議可以依照出資的比例來議定。

但值得注意的是，每個分別共有人，對於共有物的全部，有使用、收益權利。也就是說，林先生及林太太都可以使用、收益全部的房屋，而不只是特定部分，至於屬於自己獨自應有的部分，還可以自由處分，不必得到對方同意。也就是說，林先生或林太太想出賣或出租自己應有的部分，是可以的，買賣或租賃契約也都具有效益，只不過，假使要讓與，則必須經過登記才開始產生效力。另外，林先生或林太太要出賣自己應有部分時，對方可以用同一價格共同或單獨優先承購，也就是共有人具有優先承買權；但是如果有一方違反此項義務，所有權又已經移轉登記時，另一方只能請求損害賠償，不能對買方要求買賣契約為無效，請求塗銷登記。因此，為了保障全體共有人的利益，如果遇到「房屋處分」、「變更」、及「設定負擔」時，都應該得到林先生、林太太雙方的同意。所謂的處分，包括事實上的處分（例如拆除房屋）及法律上的處分；而變更指的是改變物件的本質或用途，例如住宅變為店面；設定負擔則是指設定擔保物權，例如設定地上權或抵押權。

雖然林先生及林太太都有房屋的全部使用、收益權。但另外要注意的是，兩人共同持有時，除非有很清楚地訂定哪個部分是屬於誰獨自擁有？或哪個部分由誰管理，否則法律上都會認定，是兩人共同擁有，誰也不能獨自處分或拿來作為收益（如出租），否則另外一方，有權要求回覆。舉例來說，房屋的出租要兩人同意，如果其中一人自行將房屋出租並交付他人，另一人可以依規定要對方回復。

房屋的簡易修繕及保存可以單獨處理，至於房屋改良的部分，如沒有對方同意就不能行動。保存則是指保存共有物免於毀損、滅失、或限制的行為，以維持現狀為目的，例如為遮雨或遮陽而在屋頂搭蓋棚架；改良則是指不變更共有物的性質，而增加它的效用或價值，例如墾荒地為果園。

至於繼承的方面，假設林先生、林太太將房屋登記的是「分別共有」，也就是自自擁有自己應有的部分，那麼他們各自的繼承人所繼承到的，則是兩人各自應有的部分，繼承人在各自繼承的部分，內容、性質及效力與單獨所有權無異，繼承也與單獨所有權一樣。共有的法律關係較為複雜，關於共有物權利及義務的行使與負擔，法律都有所規範，如果林先生、林太太認為房子一定要登記共有，那麼夫妻倆就要想清楚，自己應有部分在哪裏？以及其中對於房子的權利及義務也各有規定，才能避免因此所衍生的法律行為是否有效及損害賠償等問題。

對此，我認為，除非有其必要，否則還是登記成單一所有權人比較好。而至於登記誰較好？建議是以財務狀況較好，也就是銀行信用評等較好的那方為主。除非為了避稅或其他目的，才考慮登記在另一方。

■ 情侶合購房屋，最常遇到的爭端

購屋環節	問題點	解決之道
簽訂買賣合約	出資比例	買賣合約上註明 2 人出資比例
過戶	建物及土也謄本所有權人署名	告知代書確切出資比例，依照出資比例取得各自建物及土地謄本
申辦貸款	申貸債務人	由經濟條件好的一方當借款人，另一方當連帶保證人
貸款未繳	申貸債務人不繳貸款？舉例來說，男女朋友一起出錢買房，但男生的名義去申請貸款，然而男生後來卻不願意繳貸款	連帶保證人與銀行協商，承購債務人持分，如左之例，女生若是貸款的連帶保證人，就可以跟銀行協商，將貸款名義轉給女方，同時也買回男方的持分
出售	單方面願意出售，而另一方不願出售，這時就得要看當初他們簽約的權利義務是怎麼分配的	多加溝通，事前簽定權利義合約

資料來源：作者整理

叁部曲：
看屋訣竅，破解屋況不求人

私房小語：

就算包裝再美，

這些眉角讓任何缺點全都無所遁形

在前兩部曲，我們學的是操作房地產的基本觀念，強調的是怎麼想？而到了第叁部曲後，可就要正式上戰場了！學的是怎麼看？也就是要到看屋現場來看地段的好壞、社區的環境、屋況的良窳，就算是連屋子都看不到的預售屋現場，也能藉由看懂五花八門的圖，來識破預售屋的真章。最重要的是，當一切都滿意後，準備買定離手了，要如何不被賣方誆了，更是不能忽略的課題！因此，這一部曲，十分實用。

事實上，談到看屋，除了一些細節和眉角外，我個人認為「感覺」也很重要。猶記得剛開始買房時，和當時的女朋友（當然是現在的太太），看遍了各種不同的房子，這時準岳母的一句話讓我們受用無窮，她說：「看房子，最好是未來要住在這裏的人都感覺喜歡，如果一進門，只要有人覺得怪怪的，再怎麼便宜也不要！」

或許你會說，這樣的作法很不科學，但請你想一想，房子和人是緊緊相依的，每天都要生活在這個空間裏，若有人覺得不對勁或不喜歡，千萬別勉強，否則「家」就很難為你帶來幸福的！

另外，就我個人的經驗，在細看有沒有漏水、地板有沒有傾斜、公設有多少……等這些枝尾末節後，我反而還比較著重看房的採光和座向。畢竟採光和通風是連動的，採光好的屋子，不但會看起來比較大，通風也較好，也較符合風水學上的陽宅說。以我現在住的房子來說，當初會在看了五十間房，最後對它情有獨鐘，主因就是這是一間三面採光的房子。住在這兒多年，明明室內空間只有三十五坪，但親朋好友都會誤以為有四十多坪，而且就連一輩子住慣了透天厝的家母，後來也不免稱讚，「搬進來後，才發覺以前我們南部的透天厝陰森森！」

我無意批評透天厝，透天厝亦有其優點，但與格局方正的大樓相比，透天厝礙於單面採光以及格局狹長，的確看來陰暗許多。

只不過，我也不能都一直「老王賣瓜」，我現在的房子，亦有其缺點，那就是西曬。當初我們買的是大樓的邊間，剛好稜角之處正對西面，冬天還好，夏天真的讓室內增溫不少。這個經驗也讓我體會到，老人家看房講究「座北朝南」還真有幾分道理，所以，看房，有時讓老夥仔參予，也不錯喔！

第6章 培養看地段的眼光及時機

——好房，始終來自於環境！

很多人看房，一直講究屋況，但回想一下，當你每天要回到住所時，率先接觸到的，一定是屋外的大環境。一個鄰近公園、街廓整齊、生活機能方便、就學方便的房子，再怎麼老舊，依然有人搶破頭，反之，一個內裝高貴，但卻位於烏煙瘴氣的工業區旁的房子，想必也會令人退避三舍。畢竟，房子內的格局、內裝是花錢可以營造的，但屋外的大環境，卻是無法靠一己之力去扭轉的。因此，我認為，大環境應優先於室內屋況。

而看環境，要有好眼光，也要抓對好時機。我看房子，很喜歡挑晚上、下雨天和颱風天去看，很多次都被親友們說：「肖仔！」但，就是沒人想到，這些不宜看房的時間，偏偏是最能看出屋況和大環境的良機，試一試，便知道。

第1節：好眼光，看對好地段！

買房子，不只買的是房屋的內觀，更重要的是買區位與生活機能，所以看房子可別急著先看房子的內觀、裝潢，反而應該先倒帶一下，用該房屋當中心點，畫一個半徑一公里的圓，也就是大約最常走路二十分鐘可及的地點，實際了解該房屋的交通網絡、房屋種類、公共建設、學校市場等外在情況。

壹、從區域類型看環境

首先，看區域大環境的生活機能。看看你想買的區域，大致是工業區、住宅區、住商混合或是商業區？是否有哪個地段曾經淹水，地勢高低、都市排水設施？都是觀察時的重點。

再進一步，你可以看一下，在走路二十分鐘以內（最好是十分鐘），是不是可以到達各類商業服務業的網點，能滿足日常生活物品的採購及其他服務需求。此外，醫療衛生、學校機構也能就近找到；自然、人文景觀，如綠地、公園等，都能輕鬆走到，最好是還能兼具空氣清新、水面清澈，早晚休閒運動、週末遊玩娛樂的場所。也就是說，有沒有公園綠地、圖書館、文化中心、銀行、醫院、郵局、停車場或停車位等？都是評估的重點。

貳、從交通設施看環境

交通方不方便？亦是現代人看屋不能忘記的重要眉角。別忘了看看住家四周有哪些交通要道、工具？並實際估算搭乘各種工具到上班地點的交通時間，一般而言，**都市人最長可以忍受的通勤距離（指的是從家裏走路到車站、搭車、下車後到目的地）以三十分鐘最為理想**，也就是住所到工作地點或常去的地點或市區，要不超過三十分鐘或你所能忍受的時間才有保障。

至於，對有孩子的小家庭來說，區域內是屬於哪個學區（國中、小學）？有無安親班、幼稚園？距離住家有多遠？都會深深影響你生活上的便利性，亦是不可忽略的要項。若是位於較偏遠的社區，得評估快速道路或公路幹道是否延伸至此，而聯外道路寬度和變通性也很重點，如聯外道路連五米都不到，那就連雙向會車都要減速緩行，上下班就容易塞車。

肆、從區域屋型看環境

值得注意的是，從一個區域內以什麼屋型為大宗，亦可看出該區域的生活及房地產市場型態，這通常有助於掌握區域環境和房價。舉例而言，若區域內大多是大樓，那麼代表著該區域應該是重劃區，在公共設施上會比較新穎及完整，但也相對的，區域內的住戶素質會比較多元複雜。若是以老公寓居多，除了意謂著這為老社區外，環境設備自然比較老舊，但亦有年事已高，但社區素質整齊的優質地段，如民生社區，其質感未必遜於重劃區。

由遠而近看好房

注意項目	注意重點
區域大環境（離家走路20分鐘以內）	購屋預算
	上班地點與住家之遠近
	交通便利性
	學區
	生活機能
	增值潛力
	與親友居住地點之便利性
	轉手性
區域環境評估（離家走路約10分鐘內）	交通-捷運或快速道路
	學校
	購物方便性-量販店、超市
	公園綠地廣場
	銀行、郵局、醫院等
鄰里環境評估（離家走路約5分鐘內）	街巷道寬度、停車方便性
	居家寧適性、左鄰右舍、傳統市場
	建物新舊、周圍建築物外觀等
檢視房屋（屋內）	大樓管理、清潔、管理費、住戶水準、公設比、停車狀況、出入動線方便及安全等
	樓層高低、房屋的座向（避免面風、向雨及西曬）、視野、私密性、室內格局、採光、通風、坪數、屋齡、裝修、保養狀況、漏水情形。

資料來源：作者整理

這些黃金地段，房子最有增值潛力！

1. 學區：高升學率學校五百公尺範圍內，大學醫學院優於其他學院

由於大專院校聚集的周圍，大多已形成大學城商圈，但學校能提供的宿舍數一般而言並無法滿足眾多的外地學生，因而多能創造出大量的住屋需求，房價自然保值性就高。值得注意的是，大學的屬性也關係到附近的租金行情。一般而言，以醫學院為主的學校，由於學生家長較願意投資在孩子身上，對於租金比較不吝嗇，再加上一唸唸個七年，租期穩定，因此對房東來說，投報率會高於其他學系。

2. 住宅：距離辦公商圈五百公尺內，或捷運+公車轉乘+步行二十分鐘內

3. 店面：路寬三十五公尺內，人潮流動下遊、大面寬的陽面文市

4. 商辦：區域地標性大樓，捷運出口三分鐘範圍內

小心！這些缺點，會讓你的房子扣分喔！

1. 緊鄰高壓電塔、基地台、瓦斯糟、加油站等有礙安全的設施
2. 面對殯儀館、易肇事路衝、生命事業群聚等有礙風水的設施
3. 緊鄰高架橋、停車塔、鐵道等有礙居家環境的交通設施
4. 鄰近垃圾場、焚化爐、鐵工廠、特種行業等有礙生活品質的設施

第2節：好時機，摒除壞屋況！

評估區域環境或屋況，除了判斷的項目缺一不可外，其實，在什麼時間去看？也十分重要。在此我建議，看房的時機要掌握以下兩個原則：

壹、白天看採光、晚上看鄰居

白天看房是最理所當然的時間，這時你可以清清楚楚地觀察社區的大環境，以及屋內的採光，但一般人認為不宜看房的晚上，卻也有其看房價值。入夜看房主要是能考察居住社區是否安全？有無警衛定時巡邏？安全防範措施是否周全？有無攤販等產生噪音干擾？……等。畢竟，這些情況是一般人在白天無法看到的，只有在晚上才能得到最真實的狀況。

貳、晴天看溫度、雨天看濕度

除了黑夜白天看房各有訣竅外，氣候不同，也能看出不同的眉角。一般人都會選在出大太陽時的晴天去看房，這時，看房的重點應鎖定日曬的方向，重點在於「室內的溫度」。但下大雨時，無論原屋主先對房屋進行過怎樣的裝飾，都逃不過雨水的侵襲，因此，下雨天看屋的重點反而是「房子的濕度」了。這時，房屋的牆壁、牆角、天花板是否有裂痕？是否漏水、滲水？都能一覽無遺。尤其要格外留意陽台、衛生間附近的地板，看看有沒有潮濕發霉的現象。

然而一年內，到底什麼時候去看好才是最好的時機。在此也要顛覆一下傳統思維。一般而言在所謂的鬼月裏，諸事不宜，談到買房、看房更是絕大的禁忌。但鬼月真的不能看房嗎？買房又真的會遭逢惡運嗎？其實不然！

事實上，隨著時代進步，所謂「鬼月不買屋」的禁忌也漸漸被解開，據調查，目前僅剩下三成民眾仍堅持不在農曆七月買房、看房，而有高達七成的人已經可以接受在鬼月看屋。摒除心理因素，就科學的角度，鬼月反而是看屋的好時機，「寧在最麻煩的時候看房，以買到最不麻煩的房。」一般而言，由於鬼月買家較少，所以只要看中的物件，成交的機率也比平常要高，而且就經驗而言，議價空間也會比平時多個一成至一成五，因為除了買的人少，通常會選擇在民俗月賣房的人，也多半知道賣不到好價錢，因此多半是有現金壓力、急著用錢的賣方。

此外，就新成屋及預售屋而言，建商也因為要刺激人氣，會祭出送家電、送裝潢等優惠專案，間接給了消費者撿便宜的機會，甚至，由於鬼月搬家裝潢的人少，也逼的家具店要大肆促銷，所以，在這個諸事不宜的時期，反而是「撿好康」的大好時機。

但正因為適逢三多，這時候看房子更容易檢視出屋子的三水問題——風水、漏水、汗水，也就是風水好不好？會不會有漏水的問題？以及房子通不通風？會不會太悶太熱？而這只要運用一些技巧，即可無所遁形。

■不同時間點去看房，讓壞房無所遁形

時間	看屋重點
白天	區域環境、交通動線、公共設施、屋內採光、社區外觀、設區公設
晚上	鄰居素質、社區治安、屋內隔音
晴天	屋內採光、室內通風、西曬問題
雨天	漏水問題
夏天	室內溫度、防水防風

資料來源：作者整理

第7章 拿捏好社區的常識及項目

不同的屋型就有不同的問題，因此，就購屋人而言，看房的眉角也自然大不相同。在本篇中，我想跟大家分享的是挑選大樓物件時最需要注意的事。

大樓是現代都市人買房時最常接觸到的房屋類型，由於它是集合式住宅，因此看屋時，和一般門戶獨立的透天厝最大的不同是，除了屋子的內裝格局外，大樓社區的公設、環境、鄰居素質和管理機制更是不可忽略。

畢竟相對於零或低公設的傳統公寓、別墅、透天厝，你一旦買了公設比動輒二〇～三〇%，甚至近四〇%的大樓，就代表著你所花的錢有三、四成都用在屋子外的社區，讓人想不計較都難。

雖然大樓的高公設總被不少人詬病，但一個擁有設施完備、管理良好的大樓，的確也會為居住品質加分不少。以家母來說，十年前自從和我們一起住進了大樓後，就再也「回不去了！」最讓她感動方便的正是管理員。她回想起以前住南部的透天厝時，等個包裹、倒個垃圾，就算遠在千里也要特意趕回，但現在都有管理員一手代辦，其次，有了管理員為門戶安全把關，也讓常常一個人在家的她安心不少。反正，要她再回到沒有管理員的日子，恐怕會覺得礙手礙腳。

只不過，這一切的前提都得要遇到一個「好社區、好大樓」！我也聽聞不少，因社區管理不當，公設年久失修、管理員三天兩頭換人，導致居住品質下降，更讓房價慘跌。而行情下修事小，最怕講求居家品質的好鄰居不敢搬來，進住的都是自己就會破壞整體環境的壞分子或臨時租客，讓整個大樓的質感雪上加霜。

總之，買大樓，得要拋開獨善其身的思惟，不能只看屋內，得兼善天下才是，想想看花掉你三、四成費用的公設和社區管理，你怎能坐視不理？

■買大樓物件，看屋時你最需要關心的事

看屋重點	該關心的事
進住率	新社區的進住率是否偏低？ 住戶水準是否理想？
管理	人員出入是否有管制？ 管制方式是否足以維持居家安全？ 管理費是否合理？
公共設施	公共設施是否完成？ 比例是否太大？ 使用及維護情況是否良好？ 公共設施以步行單程十分鐘以內為限。是否有使用對象的限制？
格局	格局是否方正？ 室內動線是否流暢？ 有無空間浪費的情形？
採光	是否為邊間？ 座向是否有東、西曬情況？
管路	屋齡過老的房子，是否有水管不通或滲透的現象？ 電路總開關是否有自動斷電的裝置？ 是否有管線暴露於屋外的情形？
牆壁	牆壁是否有壁癌、水泥剝落或裂縫的現象？ 重新粉刷過的房子，牆壁在雨天是否會滲漏水或冒水氣？
風水	是否正對路衝、屋角或電線桿？ 一樓是否為佛道教的廟堂？

資料來源：作者整理

住戶數超多的大型社區大樓到底好不好？

大型大樓社區的優缺點

優點	1.生活機能完善：社區內通常就有商家進駐，如超級市場、便利商店、餐廳、診所，有些更有社區公園、游泳池、圖書館等。 2.社區規劃完備：環境規劃設計完備，如人車分道、垃圾處理等措施。 3.管理保安健全：聘請專業的保全公司、安裝保全系統，更能保障居家安全。
缺點	1.資金易出問題：由於大型社區開發時需要龐大的資金和較長的時間，很容易因為建商的周轉出現問題，而無法繼續。 2.價格較高：羊毛出在羊身上，建商投注較高的資本，當然會以較高的單價出售以回本。

資料來源：作者整理

第1節：為什麼我能住的比買到的小？

公設問題，是所有住大樓的人最不可忽略的看屋問題，因為這不僅關係到你的錢，更關係到你的生活品質。一般來說，公設包括了「大公」和「小公」。大公指的是「全社區住戶」共同持有的設施，就是每個人都要出錢，大家一起用的地方，包括門廳、地下室、機房、樓梯間等。而小公則是由「部分住戶」持有，包括各樓層的走道、電梯間等。這些由住戶共享的公共設施，比率越高，代表公用空間越大，也就是住戶買房時必需要負擔更多的錢，但實際私有的室內坪數卻相對很小。

至於，公設要怎麼看？其實在房屋權狀坪數裏，不屬於室內實際坪數、不包括停車位的「共同使用」部分，就是公設範圍，而公設範圍與權狀的比值，就是公設比。

公設雖然要花錢買，卻是必要的，因為公共空間可以塑造較好的居住品質，一般來說，當住戶對品質要求越高，則希望擁有的公共空間就越大。由此可見，資金雄厚、所得較高的購屋者，會願意為高公設比而負擔更高的購屋成本。

只不過，有些惡劣建商為了擴充可銷售面積，會設置一些不必要的設施，灌進公設裏，讓住戶買單。因此，買房子時，就得睜大眼睛。首先，你可以看公設的種類，是不是合乎需求？如果整個大樓社區設置了一些法令沒有規定，而且住戶也很少用到的走道、梯間，或者是刻意在機房、屋頂、地下室等地方，設置了一些對社區沒有貢獻的公設，一但如此，就得注意，自己是不是花了冤枉錢？

另外，公設雖然是大家一起用的，但也要回歸到個人需求。舉例而言，假設社區內的公設都是用在游泳池、健身房、俱樂部等休閒設施，偏偏這是你不常或根本不想用的公設，就等於你付了錢給其他人用，那也不划算。

在房價高漲的時代，購屋者會更計較公設所占的比率，因此，政府為顧及民意，自二〇一〇年起翻修「預售屋定型化契約」，讓整個公設比更加透明化，也就是把房地產出售面積的認定標準作更嚴格的規範，其中與公設相關的就是主建物、附屬建物、公共設施等面積建坪單價分開計算，讓買方更一目了然地知道自家的公設用在哪些地方？又有多大？

至於公設多少才是合理的？以往舊公寓強調的是零公設，而華廈型的住宅公設則是在一〇%左右，而沒有中庭花園的舊大樓則是在二〇%左右，有中庭的舊大樓則大約是二〇至三〇%，但自從二〇〇三年蘆洲發生大囍市社區火災後，政府開始檢討消防安全，於是自二〇〇五年七月一日起，規定八樓以上（含）的新建案，必需配二個安全逃生梯，自此之後大樓的公設比就很少低於三〇%了，目前公設比約占登記總坪數的三〇至三五%，更有部分新建案高達近四〇%，也就是說，公共設施相當於登記總坪數的三分之一，等於是公設對照實坪比例大約是一：二。

另有一種簡易的判斷法，即一九七〇年代以前，也就是屋齡約三十五年以上的住宅，公設比約為一〇%以下，甚至還不少是〇公設，而一九八〇年代的建物公設比，約為一五%上下，一九九〇年代公設最高約為二七%，而若是二〇〇五年七月一日以後，八層樓以上的房子，公設比都已經是在三〇%以上了。

■ 看看你的房子公設合不合理？

從屋型看公設比

屋型	公設
舊公寓	0～10%
華廈	10%左右
無中庭花園舊式大樓（2005年前）	20%
有中庭花園舊式大樓（2005年前）	20～30%

資料來源：作者整理

從屋齡看公設比

屋型	公設
1970年代前	0～10%
1980年代	15%左右
1990年代	27%以下
2005年7月以後（指8樓以上）	30%以上

資料來源：作者整理

第2節：為什麼地段不同價值大不同？

買房子要看地段，是亙古不變的道理。而地段好壞，除了與一地方便成熟的生活機能外，其實與政府的「都市計畫」方向，也息息相關。在現行的《都市計畫法》中，依照用途，就將土地劃分為各種分區，不過，各縣市會有不同的規定。一般來說可以初分為商業區、文教區、住宅區、行政區、風景區、保護區……等，各分區制定不同容積率和建蔽率，藉此控制人口密度和居住品質。

以台北市來說，住宅區又分為第一種住宅區（簡稱住一）、第二種住宅區（簡稱住二）……商業區也分為第一種商業區（簡稱為商一）、第二種商業區（簡稱商二）……。其中，住一的房屋比住二能蓋的面積較小，人口密度也較低，居住品質則較高。

另外，第二種住宅區內也有可能會有第二之一種（簡稱住二之一）、第二之二種（簡稱住二之二）住宅區……，這是指當住宅區面臨較寬的馬路，或是鄰接與面對的道路對側有公園、廣場、綠地或河川等時，可以酌量提高容積率，但建蔽率不變。

使用分區的不同，不但會影響到該區域環境的樣貌，對於住在區內的人來說，由於容積率和建蔽率不同，代表著持分的土地價值不同，以目前吵得沸沸揚揚的都更來說，你的老屋位在商四和住一，恐怕價值一差會差個幾十倍。因此趕緊查查你正在看的，或現在的住家，在使用分區上的名目！

■土地分區不同價值大不相同喔！（以台北市為例）

台北市各土地使用分區的容積率和建蔽率

類別		容積率（%）	建蔽率（%）
住宅區	住一	60	30
	住二	120	35
	住二之一	160	35
	住二之二	225	35
	住三	225	45
	住三之一	300	45
	住三之二	400	45
	住四	300	50
	住四之一	400	50
商業區	商一	360	55
	商二	630	65
	商三	560	65
	商四	800	75
工業區	工二	200	45
	工三	300	55

資料來源：作者整理

何謂建蔽率和容積率

在都市計畫中，為了讓都市生活環境土地能充分利用，但又不致過分擁擠，就會用建蔽率和容積率來管制建築物在一筆土地上的使用密度，其中，建蔽率是平面的管制，也就是一筆土地，扣除建物，要留下多少比率的空地，相對的，容積率則是立體管制，也就是土地上的建築物大小和高度有多大。

進一步來說，建蔽率指的是在一塊建築基地內，建築物本身用掉的土地面積占總面積的比率。

建蔽率	**公式：基地面積×建蔽率＝建築面積** 如：100坪的基地，其建蔽率是60%，那麼在這塊土地上，建物只能用掉60坪，其餘40坪為空地。 影響：就空間而言，建蔽率低的土地，由於空地大，表示和別的社區建築棟距會較大，質感較好，但就建商而言，土地利用價值就較低，競標時，地價當然就較低。容積率則是指建築物地面上各樓層地板面積（不含地下面積）的總和，與基地面積的比率，也就是所謂的建坪和地坪的比。
容積率	**公式：基地面積×容積率＝總樓地板面積** 如：100坪的基地，其容積率為250%，代表其可興建的樓地板面積250坪。 影響：就住宅的密度而言，低容積率的土地，代表建商無法蓋太高層數的大樓，住戶自然較少，環境較簡單，質感也相對較好，但卻也意謂著建商無法多蓋幾戶來銷售，競標時，地價當然也會較低。

資料來源：作者整理

第3節：為什麼別人的社區什麼都有？

另外，對購屋者來說，外觀或地段等主觀條件的好壞，是很容易被觀察得到的，但住宅本身結構狀況、通風設計等隱性品質，卻會被隱藏在漂亮的裝潢之後。

以預售屋或新成屋來說，消費者購屋時，通常僅能透過業者提供的「精緻」平面圖，或銷售人員單方面的資訊傳輸，但住宅的隱性品質，如結構安全、防火避難、通風設計等卻很難被具體檢視，往往都是等到交屋進住之後，才知道自己的房子狀況連連。雖然內政部建築研究所這些年陸續推出各項標章，如綠建築、防火標章等，以鼓勵建築物品質提升，但由於缺乏整體性的評估，建商在工程上偷工減料或完工交屋後的住宅與設計不相同等新聞仍時有所聞。

隨著經濟發展，國人對建築有關安全、健康、方便、舒適等住宅基本品質要求與日俱增，為了有效提升台灣的住宅品質，內政部建築研究所於二〇〇二年開始進行「住宅性能評估制度」的研究。參考國外相關制度，包含日本的「住宅性能標示制度」、英國的「住宅評估指標系統」（Housing Quality Indicators, HQI）、美國的「住宅品質標準」（Housing Quality Standard, HQS）、以及中國大陸的「商品住宅性能認定管理辦法」等，推出「新建住宅性能評估制度」，針對住宅建築不易由外觀察覺的內在性能品質，依一定的檢查程序與內容做建築分級，希望能讓消費者在購屋時有所依據，可以按照自己的住宅需求來購買合適的住宅，而不致受建築的華麗昂貴裝潢所矇蔽。

新建住宅性能評估制度的評估項目共分為八類，包括：構造安全、防火避難、無障礙環境、空氣環境、光環境、音環境、節能省水，以及住宅維護等，主要是針對住戶想過「安全、健康、便利、舒適、經濟及永續使用」的生活，來評估該住宅所能達到的程度。

在申請對象方面，無論是住宅的買方、賣方或建設公司等，任何一方均可自由決定是否對住宅的全部或部分性能，提出評估申請。在申請程序上，通常在接獲申請後，會由內政部（或內政部建築研究所）指定認可的評估機構（第三方專業機構）辦理，透過住宅性能評估機構，進行設計性能評估（針對設計圖）以及建造性能評估（針對建築施工）兩階段評估，評估通過後將會核發「建造性能評估證明書」。所以，在建造性能評估證明書中，會包含「住宅設計性能評估書」（房屋設計圖說的評估結果），與「住宅建造性能評估書」（施工階段以及完工階段時所作的檢查結果）兩部分內容。

至於，在評定標準上，新建住宅性能評估制度為了讓各性能等級可以有較一致性的標準，目前將各評估項目的結果分成四等級：

一、**銀質級：**達到建築技術規則或相關法令規定之標準或一般基本要求，並經過本制度評估認證者。

二、**金質級：**超過目前法令標準，提供較安全、健康、便利、舒適、經濟及永續使用之住宅性能。

三、**白金級：**遠高於一般之法令要求，超過金質等級，達到更好之住宅性能。

四、**鑽石級：**達到特別安全、健康、便利、舒適、經濟及永續使用之住宅性能

不過，雖然性能等級越高代表住宅該項性能越好，但購屋者要留意不可因此而陷入追求等級的迷思，住宅的性能並非所有項目都要最高級才是最好。

舉例來說，由於陳先生的小孩是個過敏兒，所以他在選擇房屋時，就盡量以大面積開窗設計的房屋為主，希望能找到在空氣環境類別中達到最高級別（鑽石級）的房子，但這樣的房屋卻可能降低節能性能的等級。而另一位購屋者楊小姐，由於和高齡父母一起生活，因考慮到老邁父母的居家便利，所以在無障礙類別上就特別注意。消費者在檢視建造性能評估證明書時，最好能先了解自己的住屋需求，然後再來參考評估報告的結果，才能選出最適合家人的住宅環境。

值得注意的是，新建住宅性能評估制度通常僅就住宅性能上作認定，至於是否違法，這則是屬於建築管理機關的權責，評估書內並不會幫忙判定違不違法。

■ 好大樓必備的幾個條件

新建住宅性能評估制度評估內容及基準

性能類別	性能項目	說明
結構安全	結構安全性能	地震時防止結構體倒塌及損壞之性能
防火避難	火災初期對應性能	住戶得知火警發生之感知通報性能
	避難設施性能	住戶於火警發生時可利用之逃生避難設施
	防止延燒性能	住戶外牆開口部與非開口部之延燒防止性能
無障礙環境	集合住宅共用部分	道路至住宅專用部分大門之通行安全與便利性
	住宅專用部分	住宅專用部分使用之安全與便利性
空氣環境	自然通風	住宅居室之自然通風能力。
	機械換氣	住宅無自然通風空間之機械通風量
光環境	採光深度	住宅各居室的採光深度合格比
	採光面積	住宅各居室的採光面積合格比
音環境	分戶牆隔音性能	與同層鄰戶之噪音隔絕性能
	外牆開口部隔音	住戶對外界之噪音隔絕性能
	樓板隔音性能	上、下層住戶間之噪音隔絕性能
節能省水	遮陽性能	全棟開窗部遮陽效率、住戶開窗部遮陽效率
	隔熱性能	全棟屋頂隔熱效率、全棟外牆隔熱效率、住戶外牆隔熱效率
	省水性能	用水器具省水效率
	熱水性能	熱水系統效率
住宅維護	給水管維護性能	含共用及專用部分之給水管道維護
	排水管維護性能	含共用及專用部分之排水管道維護
	清潔維護性能	開口部與外牆之清潔維護

資料來源：作者整理

總而言之，購屋者在看房時，請求專業機構認定，或請賣方、建商、代銷、房仲出示評估結果，是一個最簡便的方法，倘若無法取得，則建議可以拿著鑑定項目作為參考，自行觀察評估。

第4節：為什麼我的鄰居都不好相處？

一個大樓社區質感好不好，除了硬體設備好不好，大樓的管理更是關鍵中的關鍵。畢竟，再怎麼好的公設，沒有完善的管理，在眾人的糟塌下，很快就會失去原有的效能，甚至還會導致公安危機。這也就是一些好宅都講究所謂的「飯店式管理」，指的是有嚴格的規範、完善的制度和持續的管理。判斷一個社區管理好不好，其實你可以從以下的幾個問題去檢視：

問題一：如何看出社區管委會是否認真投入、勇於任事？

答：一個好的管委會，最基本的得做到兩件事：

首先，隨時讓你找得到。就算你不是管委會成員，有任何問題，隨時都可以找到管委會的人詢問，問了也會馬上有回應。社區要做任何事或活動，也都會先了解住戶的意願，一有決議就公告讓大家知道並配合。

其次，定期維護軟硬體設備和環境—不但消防、機電等設備每年都必需通過安檢，設備數量及擺放方式也均需符合法規，且能保持整齊清潔，建築外觀和公用設施也有定期維護清掃。另外，對社區的基金、財務報表、設備配置圖等資料也能經常維護、隨時更新。

問題二：我買的是預售屋，是否只能等蓋好搬進去住以後，才能清楚管委會是否有能力將社區管好？

答：不！當預售屋賣出五成時，建商就要召開區分所有權人大會，並成立管委會。所以從這個階段開始，你最好就要參與，才能在未來社區落成、點交公共設施時，透過集結住戶力量的正式組織和建商打交道。

問題三：是不是社區只要訂好規約，管委會就能管好？

答：不是！管委會還必需懂得效力高於公寓大廈規約的法令，如《公寓大廈管理條例》、《建築法》、《建築管理辦法》、《消防法》、《民法》、《都市更新計畫》等新政令，如此才能，善用這些法令來維護和保障整體社區利益。

另外，有一個小撇步也能看出社區管理素質良莠，那就是，假使許多住戶都將雜物放在公共梯間或走道，表示該大樓管理不佳，住戶公德心不足，若有三分之一樓層有此現象，建議不要考慮。

三分鐘內判斷你家社區的管委會建不建全

好的管委會必須做到以下六件事：

1. 主委任期有制度，委員職務需輪替。
2. 主委、財委、監委三權分立需明確。
3. 社區重大決議案依《公寓大廈管理條例》規定來執行。
4. 社區規約有選舉權也有罷免權來制衡。
5. 社區基金動支流程需控管嚴格，帳目透明並定期公布。
6. 社區管理費繳交由銀行、超商代收，避免人為收取的弊端。

第5節：為什麼停車位到處都是陷阱？

在都會區想要尋找免費的停車位簡直難如登天，一不小心違規被開紅單，更是令人氣結。也因為如此，停車位則成了另類的房地產商品，其價值不遜於住家，甚至更高。以台北市來說，租個停車位，機械式的月租費要三〇〇〇元以上，平面式的至少也要花個五〇〇〇元，而台北市的平面車位售價大約都已站上二百萬元以上了，以此計算，投報率為三％，因此買車位看來是比租車位划算，這使得許多購屋者面對車位，常有「租不如買」的情結，甚至連沒有車的消費者，也會一併買下車位再出租。而一般說來，有平面車位的中古屋也會比含機械車位的來得搶手，而無車位的物件則又更乏人問津。

但相對而言，房子的資訊很公開，停車位的資訊就較不公開，對此，我認為判斷車位好壞，大致可以下列兩種方式判斷：首先進出停車場的動線，最好是大馬路，入口保持開闊。如果出入口是狹窄巷弄，不僅出入時比較礙手礙腳，若遇到附近有其他車輛違規停放時，更會造成困

■ 不同類型車位投資效益比一比！

進出停放方式	特色	合理年投報率	投資效益
平面進平面停	最優，即為一般的坡道平面式車位，購買時得注意車道動線，而基地較大的建築物，最好將出入口規劃在不同的地方	3%	租金下跌有撐轉賣最易脫手
平面進機械停	次優，也就是平面車道進出，但停車方式為機械式，這就像車子的「上下鋪」，常見於基地較小的社區	4.5%	租金上漲空間少，轉賣時，價格上漲空間不大
機械進平面停	較差，這是採機械式進出，也就是車子用搭電梯的方式進出，但進入停車場後，是停入平面式車位。這種停車場的風險是一旦遇到機械故障或停電，車子就無法進出，比較麻煩	4.8%	租金上漲空間少，轉賣時增值空間也不大
機械進機械停	最差，即先將車子停入電梯，由機械式自動操控，停進機械式車位，一但車主忘了拉手煞車容易造成危險，且因為空間小，停放時得耗時較久，對較大車型有所限制	5.5%	租金不易上漲，轉賣更沒有增值空間

資料來源：作者整理

擾，進而影響房價的市場性。

其次，雙向車道至少八米寬。若停車場設置雙向車道，最好有八米寬，對外巷道也要盡量達到八米寬，才不會在交通尖峰時間被堵在巷道內。若停車場有附設機車停車位，也要在坡道旁設置機車專用車道。

在此提醒，購屋者若同時買房子和車位，一定得分開計算，因為車位權狀面積往往動輒十坪，一旦灌入房屋總坪數裏，會造成每坪單價降低的錯覺。

至於車位產權持有方面，在老公寓及華廈的年代，車位的產權是獨立的，可單獨買賣給非社區住戶使用，後來因應大樓社區的興起，「公寓大廈管理條例」規定法定停車位的產權必需與建物一起登記，於是車位變成公共設施的一部分，而且車位只能賣給同社區的住戶（獎勵停車位除外）。

第8章

檢查中古屋的細節及原則

對於預算有限的購屋者而言，中古屋是最佳的選擇。尤其目前在台灣買房後再裝潢已是很普遍的事了，這可以輕易解決屋況不佳的問題，況且中古屋由於是成屋，屋內的屋況、採光和社區的環境、鄰居的素質都已成形，猜都不用猜，因此不少人不在乎屋齡多舊，愛中古屋勝於預售屋。

但中古屋也正因為年紀較大，因此硬體上的缺點也會隨著年事漸高而逐一顯露。如果只是外觀顯而易見的問題，如牆面、地板裂開還容易解決，但若是水電管路、建築結構上的問題就難以解決了，因此買中古屋看房的技巧就十足關鍵，亦是買房必學的一課！

五大訣竅，看穿中古屋問題

1. 外牆

從建築物外牆所用的建材可以看出建築物的屋齡，也影響到建築結構。建築物的外牆若出現裂縫，表示可能無法承受地震的侵襲。

2. 外觀

公寓或大樓的住戶常私自加裝鐵窗或冷氣機等突出物，影響建築物的整體美觀，也會讓房子的行情下跌。

3. 樓梯間

樓梯間是公寓或大樓的上下通道，一些舊的公寓樓梯間常不平整或間距大小不一，表示建築物施工很差，並可能影響上下樓梯的安全。而若樓梯間堆置雜物也會阻塞上下交通及妨礙逃生。

4. 大門

大門象徵的是一棟建築物的門面，如果大門看起來很髒，甚至還生鏽、貼滿廣告，顯示該建築物毫無管理，且居民水準不高。

5. 安全設施

安全設施是否完善會影響居住安全，買房時，你可以就下列幾項進行檢查：

A. 逃生梯是否堆滿物品，影響通行。

B. 防火巷是否阻塞、堆滿雜物或被占用。

C. 是否有停電照明設備。

第1節：2大細節，再舊的屋況也不吃虧！

看中古屋的技巧和眉角很多，挑對好仲介、在最能看出屋況缺點的時候去看屋，都是其中的技巧，但除此之外，我認為還有以下兩大原則要掌握：

壹、不看裝修看格局

購屋最好是看空屋有些屋主以前裝修時，會針對房間結構、設施進行改造，等到賣屋時，又把它作為抬高價格的籌碼，其實這些都存在著不安全的隱憂。另外，經過裝修的房子，往往會藉著粉刷，掩蓋房屋本身一些瑕疵或缺陷。例如，牆壁有無龜裂？天花板有沒有滲水發霉？這都是無法從看屋中得知的。

貳、敲敲打打、挖出缺點

房子的賣相與品質，未必能劃上等號。買房子最怕買到虛有其表，問題一堆的爛房子，除了用上述方法看格局外，身上最好帶隻可敲打的筆或小棍子，適度在牆壁和磁磚上敲打，聲音聽起來應該要有密實飽滿的感覺才算合格，若聽來是空空的，表示磁磚貼面沒有處理好。憑這招可以用來預防屋主為了賣得好價錢，而用裝潢將缺點掩蓋的招數；萬一發現異樣，則可當場向屋主詢問，並藉機殺價。

因此，遇到諸如此類的問題，一定要先向仲介或業主查詢房屋重要結構是否有改動的情況。否則，一旦達成交易，待將來才發現問題，追究起來，責任就難以區分了。

■出現下列三種裂縫，少碰為妙！

1.房屋外牆出現X形裂縫

出現磁磚剝落且有四十五度角交叉的斜裂紋，表示房屋外牆曾受地震力影響，且因為外牆抗剪不足，造成剪力斜裂縫，讓外觀呈現X形。此時，除非將這個外牆用結構性的補強方式予以修復，否則地震時，震力將由樑、柱等主結構直接承受，而少了一道外牆的抗震防線。

2.樓梯牆斜裂縫

地震發生時，樓梯牆也是房屋承受地震力容易集中的位置，若樓梯牆有明顯斜裂縫，代表房屋曾經遭受地震力並產生傷害，必需對主體結構的樑柱作結構安全性檢討與確認，對住戶才有保障。

3.樑、柱、剪力牆斜裂縫

樑、柱及剪力牆於結構設計中屬於主要結構，所有的建築物的載重與突發的地震力，主要都由其承擔，故樑、柱及剪力牆有斜裂縫時，表示主結構的鋼筋與混凝土的聯合承載已局部受損分離，造成承載能力損失，需要做適當的結構補強，才能確保結構安全性。

■不同的建築結構，關係到住家的安全

結構型式	鋼骨（SC）	鋼骨鋼筋混凝土（SRC）	鋼筋混凝土（RC）
優點	1. 柱樑斷面較小，適用於高層建築。 2. 工期最短。	1. 柱樑斷面較 RC 小，室內使用面積相對大。 2. 高層變位的彈性較 RC 大，但比 SC 構造小。	1. 工程造價最低廉。 2. 一般營造廠熟諳其施工技術，品質最容易掌握。 3. 地震時搖晃程度最小。 4. 居住舒適。
缺點	1. 地震時高樓搖晃程度最大，最易產生恐懼感。 2. 造價最昂貴。	1. 工期最長。 2. 結合 RC 和鋼構工法，施工難度最高，品質不易掌控。	1. 較不適用於高層建築，最高約 30 層樓。 2. 柱樑斷面較大，減少室內的使用面積。
適用（依序）	1. 適用高於 25 層樓的超高層建築。 2. 辦公大樓。 3. 住宅。	1. 適用於 12～25 層樓的中高大樓建築。 2. 辦公大樓。 3. 住宅。	1. 較適用低於 15 層樓的建築。 2. 住宅。 3. 辦公大樓。
特點	1. 超高層建築。 2. 節能減碳。	屬台灣特殊工法，先進國家甚少採用。	全世界最普遍使用。
代表建築	1. 台北 101 2. 宏盛帝寶	1. 文華苑（台北市松山區） 2. 輕井澤（台北市內湖）	1. 富邦國際館（台北信義計畫區） 2. 台北市圓山飯店

資料來源：作者整理

第2節：注意通則，大樓管道間原型畢露！

「聽說二樓，多半是大樓排水管線的管道間重地，我是不是該買在二樓？」曾有朋友要買房子，他急急忙忙地跑來問我，事實上，像這類的問題，只是一個粗略的通則，也就是「大部分」的房子都有這樣的問題。一般來說，如果是新成屋的話，不用太擔心，因為現在污水處理系統與技術比以往進步很多，除非是屋齡超過十年以上的中古大樓就比較容易發生這種問題。

另外，大樓的一樓是店面？還是純住家？也關係到管道間會不會設在二樓。如果一樓是店面，格局與樓上不同，那整棟大樓的水管末端就會出現在二樓，而如果二樓為公共設施，例如健身房、閱覽室的話，水管末端就會在三樓，再如果一樓是純住戶的話，格局又跟樓上一樣，那麼水管末端就是在一樓。

很多人或許不了解，是不是管道間有這麼嚴重嗎？原因是，當房子越舊，就越有水管堵塞、管壁變窄的可能，當洩水不及時，就會產生污水回堵的現象，造成管線末端的樓層排水孔冒出髒水，因此通常，建商在定價時，管道末端的樓層定價也會較低。

■ 小心買到輻射屋和海砂屋！

除了管道間外，輻射屋和海砂屋亦是一般購屋者較難一眼識破的隱形問題屋，在此教你如何辨別及處理輻射屋和海砂屋。

屋型	輻射屋	海砂屋
意義	輻射屋就是房子的建材中含有高量的放射性物質，且會產生輻射，長期居住下來會對人體健康造成很大的傷害。	在建房子的材料中摻入含鹽分的海砂，而海砂的氯離子會造成鋼筋快速鏽蝕、膨脹，混凝土受擠壓膨脹後成為粉末狀脫落，長期下來會威脅房子結構安全。
因應之道	輻射屋很難用肉眼發現，唯有請行政院原子能委員會或民間專業檢測人員代為偵測。而若一但買到輻射屋，法令規定，對於年輻射劑量5毫西佛以上的高、中污染住戶，將提供照價收購或補助遷居及醫療服務。	看房子時，若發現有鋼筋外露、牆壁嚴重剝落、腐蝕的現象，就有可能是海砂屋。但新屋是看不出來的，得請可鑑定海砂屋的土木技師公會進行檢測。

資料來源：作者整理

第3節：掌握規定，頂樓加蓋放心購買！

頂樓加蓋可以說是台灣住宅的特色，早期的公寓，頂樓歸頂樓住戶所有，等於讓住戶多了一層使用空間，也因此頂樓那層的價格總是比其他樓層來得貴。頂樓雖然只是一層屋頂，但在寸土寸金的都會區裏，卻珍貴得很！有住戶會把這裏變成種花植草的小庭院，成為私有的秘密花園，而更有生意頭腦的住戶，甚至會把頂樓加蓋租出去。

不過在《公寓大廈管理條例》通過以後，新建的住宅就不能加蓋頂樓了，因為法律規定公寓樓頂空間是作為避難使用，只要增建就是違建，會被拆掉罰錢。因此若想要「買一層、多一層」，只能購買法規實施前的中古屋。至於，頂樓加蓋的價值，市場上標準不一，完全憑感覺。而有頂樓加蓋的住宅，由於頂樓是沒有登記的，沒有產權，僅有使用效益，所以能反映的建坪價值就十分有限。

正確來說，**根據台北市違建處理規定，台北市在一九九四年十二月三十一日前興建的頂樓加蓋，被列管可暫時不予以拆除，而一九九五年後的頂加就屬違建，則是即報即拆，台北市以外則不在此限**。

另外，頂樓加蓋若只是搭個鐵皮屋頂，作為晾衣服、小孩玩樂、種植園藝盆栽等用途，就不用考慮加價購買，因為這種頂加並沒有實際的「室內使用」效應。如果，是增建成房子，屋主在出售時通常會依建材以「造價成本」來推估該加多少價。

值得注意的是，由於頂樓加蓋通常是不可以登記的，所以沒有權狀價值，只有使用價值，因此若有賣方用樓下每坪單價來計算頂樓加蓋的價值來賣給你的話，就得要特別小心。

頂樓增建怎麼算

1.使用效益法

眉角：增建部分最好要以收益價值來算，而不是以屋主的增建成本來算頂樓加蓋雖然於法無據，但只要有使用權益，就可以合理反應可使用的效益價值。

案例：你買了一間五樓公寓，如果二樓以上的平均單價是二十萬元，五樓的權狀面積是三十坪，頂樓若有增建十坪，合理的總價是多少錢？

公式：房屋總價＝權狀建物價格＋頂加價格（只算建物的效用，一般而言是頂樓的建物效用，當地房地產每坪平均單價的六分之一）

頂加價格＝頂加每坪單價×坪數

頂加單價＝實質建物價格×六分之一

所以：

案例中，頂加的價格每坪只有二十萬的六分之一，大約三萬左右。

因此總價＝六百三十萬元

而一般屋主把頂樓加蓋價格等同權狀坪數，如此算下來，總價高達八百萬

2.建造成本法

鋼筋水泥建材的價格約是以樓下單坪面積的三分之一至四分之一來估算，而若是木造或鐵皮屋頂，每坪建築成本則約是五至七萬元。

第4節：看穿秘密，陽台外推真讓人傷神！

台灣的都市地狹人稠，「憑空生出不該有的室內坪數」幾乎是許多建商推案時必然會出現的手法，將法規上經常會有不計入樓地板面積的面積，例如陽台、機械室，運用外推、加窗等方式達成「室內化」目的，讓民眾誤以為這些空間都是可以做變更使用的。不過自台北市政府修訂違章建築處理要點後，二〇〇六年後，北市新核發建造執照的建築物，陽台都不得擅自加窗，不論原外牆是否保留，只要未經申請都屬違建，即報即拆。違建取締拆報趨嚴，民眾買屋之前應更加留意小心，才不會賠了夫人又折兵。

一般常見違建大致有四種：頂樓加蓋、一樓外推、陽台外推及夾層屋。在這四種違建中，以頂樓加蓋最常見，但也因為處在室外、明顯可見，最容易被追查。而在夾層屋、頂樓加蓋等法令愈來愈被民眾所熟悉後，為了提高賣相，不少預售樣品屋就將腦筋動到陽台外推上，以「建議規劃」等字眼遊說看屋民眾，使民眾遊走法律邊緣，或暗示購屋者日後可自行「二次施工」，將臥室、客廳外牆打掉往外推，輔以設八角窗等設計，外推後不僅室內空間更大，還可臨窗俯瞰夜景。

的確！面積增大，看起來好像是建商與買家雙贏。買家也可能從頭到尾都不知道家裡的室內坪數部分來自於「消失的合法陽台」，或者心存僥倖，「半推半就」簽下了同意書，樂得擁有「看起來」又大、又好用的格局，「賭」的就是「不會被抓到」這種可能性。但重點是，二次施工後，建築物就會出現與當初使用執照不符的情況，也就是多增加的面積，不在原有建物執照的許可範圍內，也就是「違建」往後可能衍生的任何問題，都是購屋者必須承擔的。

事實上，在台北地區動輒每坪數十、數百萬的房價下，「陽台外推」與「夾層增建」等都是常見的二次施工，雖可享受到較大的室內空間，但無形中卻也承擔了「被處罰緩」或「面臨拆除」命運的風險。

以陽台為例，之所以一開始並不列入認定為標準樓地板面積的原因，是因它具有消防逃生、隔陽遮陰等功能，若要硬將室外空間規劃作室內空間，住戶所面臨的直接問題就是逃生功能喪失，以及違建區的居住機能收到影響，若稍有不慎或心存僥倖加以購買，一旦被查獲、裁處，往往得不償失。

此外，機電設備室也是購屋者要注意的地方。有部分建商會將冷氣主機等機電設備放在各戶的工作陽台，或是掛在牆壁的外面，所以很多平面圖上標明機電設備室的地方，可能就會一分成好幾分或全歸為同一戶併入室內使用面積。對於購屋者而言，雖然可以較低的價錢購買設有機電設備室那一戶，但卻沒辦法登記面積損失。因此民眾在購屋時，仔細核對平面圖、使用執照核准圖說，是免去「錯誤的第一步」，一般從平面圖上都會清楚印上陽台、機房等說明，要清楚了解，才能保障自己的權益。

而通常二次施工可能會在三種情況下發生，首先是消費者自行要求改建，其次是售屋時告知能以二次施工的方式增加使用面積；最後則是建商隱瞞實情自行加工，例如有些透天厝社區，原本在申請時，是要將一樓作為停車場，但建商為了增加使用效益和銷售坪數，就在拿到使用執照後，偷偷地把停車空間挪到社區基地上的道路，而滕出一樓的空間作為住家使用。另外，私設平台也是常見的違法二次施工，這指的是偷偷設立比陽台大的平台，在上面種花種樹作為「空中中庭」美化環境，來吸引消費者

前述兩種情況，建商通常會要求購屋者簽具同意書或委託書，以免日後追究，責任會落到建商上頭；最後一種，消費者只得睜大眼睛仔細瞧。像陽台，在法律定義上，是屬於附屬建物的一種，不計入容積計算，最多可達單層面積的八分之一；新修法規上路後，現行核發建照的建築物，只要房間原外牆仍保留，只是陽台加窗，仍暫免查報。

陽台為住戶與外界接觸的媒介，新法規上路後雖無法加窗，反倒使陽台回歸到原始的價值與功能，民眾不妨藉此機會思考不加窗陽台的生活價值；同時建築法規早已廢除陽台設立位置的限制。選屋時，不妨依照使用需求，如有些建築物將所有陽台空間集中於廚房後

方，深度有時甚至可達兩米，可為洗衣服、晾衣服等工作空間，民眾選購時可多做比較。另外，在購屋時務必要注意所簽的每一份文件、調閱原核准圖，避免衍生購屋糾紛。

■六大要素解讀你的房子是否經過二次施工？

1. 陽台面積遠低於室內面積的八分之一至十分之一。
2. 申請使用執照時，將陽台落地窗框做在室內側，但交屋時窗戶卻在室外側。
3. 合法夾層，在謄本上一定會有登載，若無夾層登記，一定是非法夾層。
4. 挑高是指部分居室如客廳提高其樓層高度，但挑高樓層不得超過六公尺，同一戶的空間變化最高不得超過四．二公尺。
5. 機械室面向公共空間需有一道防火門，但「二次施工」時該防火門會鎖上並以裝修包覆，達成室內空間挪移的目的。
6. 為避免違建責任，建商會請買家簽下諸如「窗框如有拆棄或變動由屋主負責」「配合公共安全檢查」內容的同意書。

陽台、露台價值

公式：房屋總價＝主建物價格＋陽台、露台價格

露台或陽台有登記，且有土地持分
露（陽）台價格＝當地行情的 2/3＝當地市場每坪單價×陽台坪數×2/3
露台或陽台沒有登記
露（陽）台價格＝當地行情的 1/3＝當地市場每坪單價×陽台坪數×1/3
露台或陽台雖沒有登記但已經有外推，或蓋了可使用的建物
露（陽）台價格＝當地行情的 1/2＝當地市場每坪單價×陽台坪數×1/2

案例1：
你買了一間權狀 30 坪的房子，但露（陽）台有登記，其中露（陽）台占了 10 坪，其餘 20 坪為主建物，而該區域房地產每坪單價約為 30 萬，總價多少合理？
主建物價格＝20×30＝600 萬
露（陽）台價格＝10×30×2/3＝200 萬
你的房子總價價值為 600 萬+200 萬＝800 萬元

案例2：
你買了一間使用坪數高達 30 坪的房子，但其中的露（陽）台沒有登記，而露（陽）台占了 10 坪，其餘 20 坪為主建物，而該區域房地產每坪單價約為 30 萬，總價多少合理？
主建物價格＝20×30＝600 萬
露（陽）台價格＝10×30×1/3＝100 萬
你的房子總價價值為 600 萬+100 萬＝700 萬元

案例3：
案例 2 的狀況，但屋主有陽台外推，則真實價格為
主建物價格＝20×30＝600 萬
露（陽）台價格＝10×30×1/2＝150 萬
你的房子總價價值為 600 萬+150 萬＝750 萬元

資料來源：作者整理

第5節：聰明措施，不怕屋漏又逢連夜雨！

買中古屋，最惱人的就是漏水問題。一但房屋會漏水，由於問題的根源都來自於包覆在牆內的水管，這也就是台灣民間會有「作土水仔驚抓漏（建築泥作和水電師傅最怕處理漏水問題）！」的說法出現了。再者漏水屋往往影響的不是自家的生活品質，更會禍延下層的住戶，處理不好會讓鄰居失和。因此買房子，事先抓漏，不可忽略。

在前面篇章中，我有提到雨天看屋的建議，就正好可以運用在抓漏水屋。尤其在夏天正逢雨季和颱風季，屋況如何，在此時將無所遁形，所以買方反而可以趁風雨過後，檢視房子是否滲漏，請屋主修復、請房仲負責保固。而這段期間，看房更有特別的「撇步」。

購買中古屋時，為避免買到漏水屋，依序應採取兩種措施。第一種是在簽訂契約時，需白紙黑字註明所購買的房屋絕無漏水之情事；如有漏水的事實，賣方應負損害賠償責任等文義，來保障自身的權益。當然，由賣方或仲介公司出具交屋後一、二年內不會漏水之保固切結書，也是一種簡便的方法。第二種便是現場觀察，在法律上稱之為「檢查」。消費者在看房屋現場時就應檢查，在交屋時也還要再檢查一次，以確保有無漏水的可能。當然，上列的「檢查」並不能免除賣方或仲介的保固責任，消費者在交屋時應向賣方或仲介公司索取「不漏水保固切結書」，而保固書亦應將交屋時內外狀況拍照存証以為附件。消費者在搬入後，若有改修等工程，也要注意是否會破壞防水層，或事先會同賣方商討後施工，否則一旦發生漏水，就很難判斷責任歸屬了。

■ 5種測試法，讓屋子防漏工程無所遁形

1. **屋頂**：浸水最高處至少二公分，浸水四十八小時以上，確認沒有漏水現象。
2. **外牆**：可灑水試驗，至少四十八小時以上，確認沒有漏水現象。
3. **浴廁**：可以浸水測試，最高處至少達兩公分，至少四十八小時以上，確認下一層樓及相隔鄰房間有無漏水現象。
4. **排水管**：可以在浸水試驗後再放水，確認每一支排水管所經過之樓層有無漏水現象。若放水時來不及確認，可以專程針對每一支排水管做灌水試驗，至少十二小時。
5. **中庭（非植栽區）**：可比照屋頂方式辦理。

第9章 看圖辨真章的技巧及奧妙

「搬新家，一定要住『全新』的家，否則怎麼能算是新家呢？」在我周遭，有不少親朋好友，對於買新房、搬新家這檔事，一直都懷著這樣的觀念，因此，儘管預售屋和新成屋的售價比中古屋高得許多，卻仍有人對其情有獨鍾。

但相對於中古屋和新成屋可以直接看屋況，一目瞭然地判斷房子的優劣，預售屋就只能憑空想像了。雖然目前預售屋的接待中心，設備應有盡有，舉凡帶你進入居住情境的影片，讓你清楚地理位置以及房屋外觀的模型，以及令人心神嚮往的樣品屋，甚至還不乏有建商願意砸下資本，製作虛擬實境的3D動畫，這種種令人目眩神迷的視覺行銷，讓所有進了銷售案場的人，莫不對這連蓋都還沒蓋的房子滿懷憧憬。

但偏偏，看預售屋除了跟著建商所營造的場景想像著未來，在接待中心令人最感到無聊的「看圖時間」卻是最重要的。一般而言，買預售屋時，你可以看到的包括格局圖、樓層規劃圖、空間設計圖，等到房子蓋好後，也可能看得到建物測量成果圖，或許你會說，這些硬梆梆的圖對一般小市民而言門檻太高，看也看不懂，問題是，這些圖卻能夠幫你了解社區整體的規劃、房子的空間設計，甚至用心一點，還能預防被建商誆，這些都是你從刻意被營造過的介紹影片以及模式中所看不出來的。

總之，在購買預售屋時，切記要理性評估，千萬不要只單憑「感覺」，因為漂亮的預售樣品屋、銷售人員的情境引導，而一時衝動、下錯決定。務必請銷售人員提供該戶有尺寸標示的平面圖，免得交屋時與當初所設想的空間大小差很多。所謂的理性評估，包括對空間的坪數、尺寸、空間格局配置、門窗開口的檢視有基本的認知，還有其他風水考量、考慮未來外推空間或二次施工空間的適法性以及變更格局設計的可行性等，這些都要仔細確認無誤。

而一般來說，看圖的重點有以下六項：

1. 方位：目前預售平面圖上未標明南、北向，購屋者可向現場銷售人員詢問。一般座北朝南的建築物冬暖夏涼，方位最佳；東、西向房屋易東、西曬，使用空調也較耗電，北向房屋則較陰冷。而室內空間如陽台，因需曬衣，也適合朝南。

2.景觀：除了平面圖外，通常代銷公司還會畫上全區配置圖，應仔細了解小區內外的道路交通情況，進出小區是否方便，小區內各棟建築物的排列是否有序，是否有保安系統，垃圾是否集中處理等。

3.棟距：兩棟樓之間的距離最好超過八米，窗戶不是面對面地整齊排列，否則家中的一舉一動在對屋都可以看得一清二楚，隱秘性太差。

4.採光及通風：房屋的採光面越多越好，如果某屋只有一面採光卻隔著三間房，房屋採光一定很差，那麼就算白天時進屋也一定要開燈了。

5.格局與空間的合理性：室內格局要能完整區分公共區（如：客廳、餐廳、公共衛浴）及私秘區（臥房），而附屬建築物與主建築物的面積分配也要成正比。每戶都有二至三個管道區，由於管道間不好後移，因此管道間越靠邊越好。廚房的空間是否可容納雙排櫃，以及是否預留冰箱、排油煙機的空間，都可能影響日後使用的便利性。

6.動線：可以試想走入房子中的情形，體會動線是否流暢，另外走道也不要有太多轉折，以免浪費使用面積，廁所門不應正對走廊或餐廳、臥房、廚房。

另外，倘若你是台北市民，買預售屋交屋時，台北市政府有設置社區建築師可以幫人健診房子。如在辦理公設點交時，就可請社區建築師幫忙，而且第一次初勘專業諮詢是完全免費的。而如果民眾有需要，可以藉由電話、傳真或電子信箱等方式逕向社區建築師請益；假使要進一步針對規劃、設計、檢查、調查、簽證、鑑定、會勘等服務，則會酌情收取費用。

■ 社區建築師可以幫你哪些忙？

社區建築師可以幫你哪些忙？

1.申請室內裝修審查許可。
2.建築物結構安全簽證。
3.申請變更使用執照。
4.申請小型補習班。
5.社福機構立案。
6.申請戶數變更。
7.辦理建築物公共安全檢查簽證及申報。
8.既存違建登記及既有平屋頂申請搭建斜屋頂。
9.申請廣告物設置許可。
10.無障礙設施改善。
11.申請建築物外牆維修。
12.其他有關開業建築師之法定業務。

資料來源：作者整理

第1節：室內裝潢的好幫手—格局圖

格局圖，是看屋前、後最重要的一環，很多人想買屋，卻看不懂格局圖，或是，有看沒有懂，對於圖面一知半解。當你不了解圖面的重要，就去看屋，一來浪費時間看不愛的屋，二來，很容易因為屋況的美而忘記該留意的地方，第三，如果你遇到超殺、有事業線的超級業務員，難保你不中招。

因此看屋前，得先針對網路、紙本的平面圖，仔細研究，就可以知道，這間房屋到底是否符合需求，或是有哪些問題需要經由裝修來改善，以及有沒有機會修改，而看屋後，再針對平面圖，與家人作討論，就可以知道，這間房屋是否是你所想要的。

事實上，並沒有完美的圖面，而我覺得完美的圖，也不見得適合你，所以，了解自己的需求以後，再針對圖面來判斷，才是購屋的聰明作法。以下我以客廳為例，和大家分享看格局圖的幾個要點，而這也是看格局圖最重要的部分。

客廳是一個家的主要聚集地，而位置好壞左右這房子的風水與格局。有時如果建商偷懶、規劃不用心、基地形狀不好調整，這時候客廳的格局就會很奇怪，而關鍵點在於大門及窗戶的位置。傳統上，客廳必須要有個沙發安定牆面，以及電視櫃的安定牆面，以「安定」這個空間的使用性及舒適性，想想看，如果電視後面不是牆，或是沙發後面不是牆，那一定會影響在客廳看電視的家人，而如果電視背後有窗戶，那麼，明亮的光線也一定會讓電視產生「反光」效果，因此，除非你不常看電視，那有窗就不是問題。

所以，格局的開始，就是你使用這個空間的開始，而若想選擇保值的房子，或是考慮未來的轉手性，就請用多數人會使用的方法來判斷，這個客廳是好還是壞。

壹、正常客廳

先從尺度來說，一個好的客廳，面寬跟深度，至少三米，才能應付一般家庭所需，請留意沙發部分所畫上的格數，就代表這是幾人座的沙發，如例圖上畫了三格位置，表示這是個三人座的沙發椅，而旁邊各放一張單人座，形成三加一加一的客廳容量。如果你的家庭人口不只這樣的人，比如一家有六口，顯然的，這樣的客廳不夠你用。

大門旁必有鞋櫃，這是必要的裝備之一，請留意這樣的寬度，大約一米寬的鞋櫃，是否足夠你用，另外，你需不需要有個放鑰匙的空間？如果不需要，那鞋櫃可以高達至天花板，或是，需要一個空間，又沒那麼多鞋子，那鞋櫃就可以作半身高。沙發的位置，最好是人坐在上面，可以看到大門的方向，這是一個安定面的概念，一個好的客廳，要有兩面安定面，也就是一片沒有其他走道的牆壁放沙發，一面同樣是牆壁的空間放電視。面對客廳的落地窗或大窗，就是你家的座向，最好是座北朝南。

而陽台也很重要，這除了是建商會拿來為室內面積動手腳的地方，不少購屋者也會想要將陽台外推（但這已屬於違建行為）。**重要的是，景觀或座向不好的格局，陽台就可以成為「改風水」的地方**，如果視野不好，或是有路沖、巷沖、西曬等問題，可以擺放高的盆栽，或是利用吊掛盆栽等，讓你坐在客廳往外看，只看到一片綠油油。

貳、由陽台進出的客廳

很多公寓或是大樓，也會設計成由陽台進出的客廳，好處是，鞋子或是從戶外帶來的穢氣，可以留在陽台，脫了鞋進入屋中就不會有味道，比如你剛踩了一坨狗屎。這樣的陽台，也比較不會浪費空間，畢竟房屋很貴，陽台可以成為走道、鞋櫃、又可以充滿綠意，以及擋雨、擋日照，以避免過度日照讓客廳增加熱源，有時是個不錯的格局方式。**如果你喜歡陽光灑滿屋，遇到由陽台進出的格局，就盡量別選擇朝北，因為朝北的日照已經不足，再隔個陽台，室內必然較暗，要多設燈光來補足。**

值得注意的是，除了預售屋外，目前各大房仲網站上也能看到銷售中的中古屋格局圖。只不過，這大多是由房仲人員以房屋現場狀況而自行繪製的，並不具法律效應，品質自然良莠不齊，有的甚至窗戶忘記畫，或看不出是採光窗還是落地窗，因此不易抓出現場的採光通風情況，購屋者得小心細看。

格局圖可以協助你進行空間規畫

■業者提供的格局圖都經過美化，要問清楚未經二次施工的原貌。

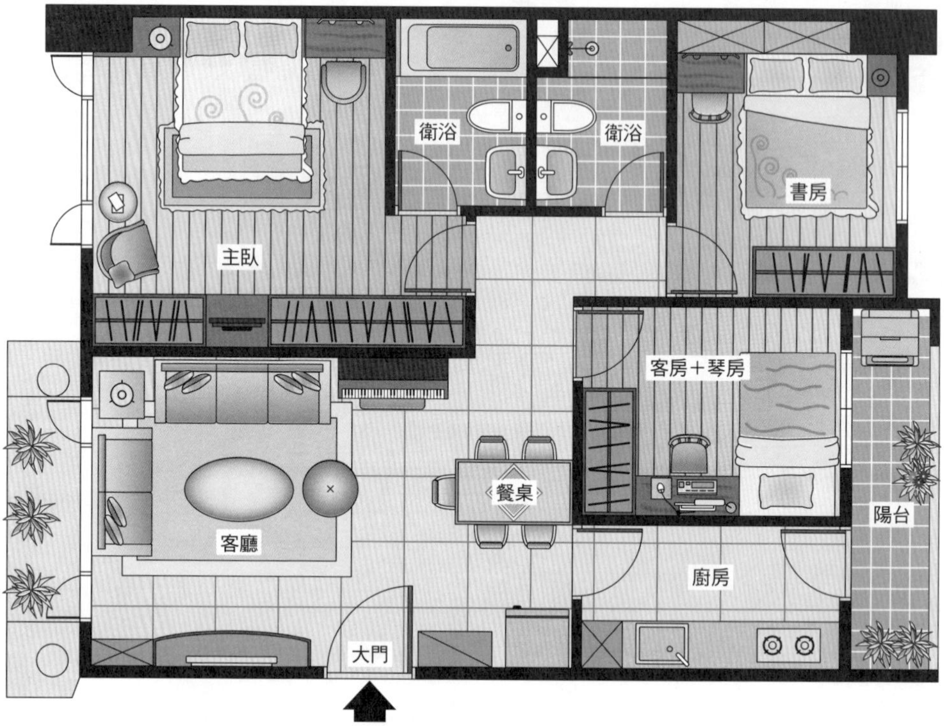

第2節：住戶密度的真面目—樓層規劃圖

若是購買預售屋或新建案，通常都能看到樓層規劃平面圖。此類圖可大略看出社區的景觀和通風狀況，而若要實際派上用場，建議可以在不同的時間親臨現場比對以下幾個特點：

一、**採光通風和景觀：**看社區泳池中庭，還是福地？看山景海景，還是屋角壁刀？

二、**噪音：**是否有馬路、捷運噪？或是有校園整天打球與上課鈴聲？

三、**日曬方向：**是否位於討厭的西曬方向？

四、**棟距：**周邊建物是否伸手可及？聽得到隔壁夫妻吵架或佛堂誦經？

五、**鄰居廚房位置：**防火巷天井正好於三餐時間直吸鄰居或餐廳油煙？

六、**機能：**本戶與電、樓梯間的相對距離。

另外，還可以到物件附近頂樓看看，注意建商特別不畫出來的地方或圖中與現場不符之處，以及故意放大縮小移位的周邊建築，就可以清楚看出是否有藏匿的嫌惡設施，例如隔壁棟的變電箱或垃圾集中處。

由於同一棟建物每一戶的價值都不盡相同，若能善用以上方法，就能清楚了解價差所在。

■ 樓層規畫圖可以讓你了解房子的採光、通風等與外界相關的細節。

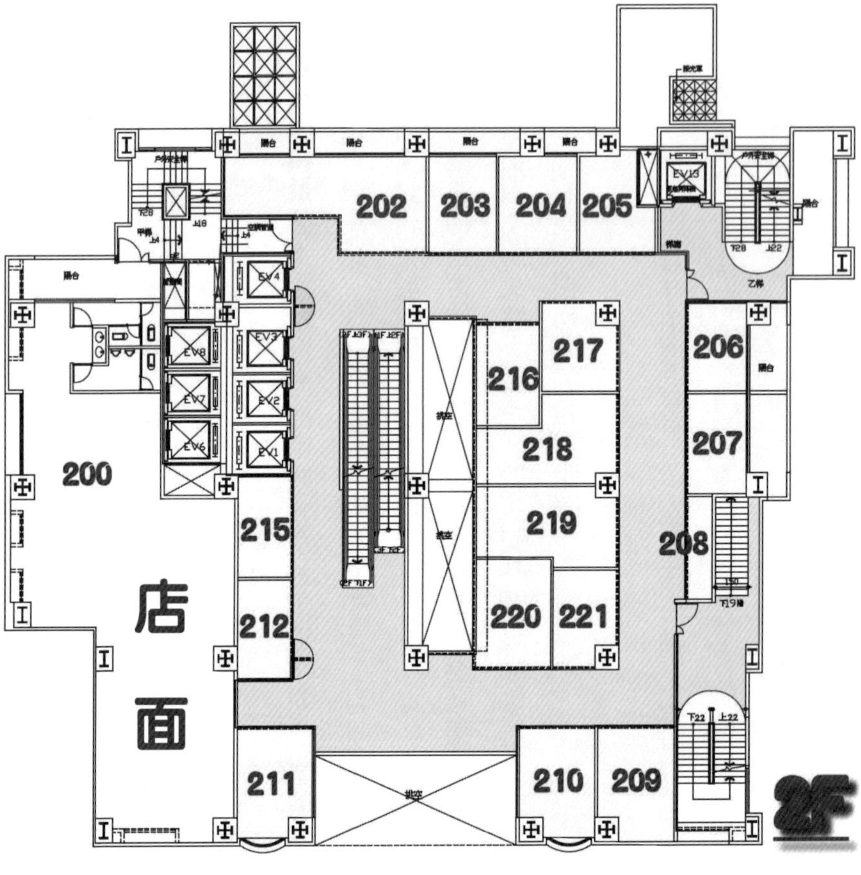

第3節：社區環境的情境秀─空間設計圖

在裝潢時通常我們都會從設計師那看到空間設計平面圖，這是用來讓屋主清楚地知道將來可如何裝潢擺設，而建商銷售時也會用這種圖來加強買主的想像空間。然而，空間設計平面圖，卻也是讓購屋者掌握實際起居使用坪數的好幫手。

一般來說，這種圖常有以下的陷阱：

一、**比例錯覺：**樣品屋坪數比實品略大，床和家具桌椅比實際略小。

二、**違建計入：**將陽台、露台、雨遮平台外推，而不告知二次施工的風險。

因此，面對空間設計平面圖，建議可直接要求服務員丈量並說明確切坪數分布，把實際的樣品屋長寬計算出來，並算出坪數，再比對你所要買的物件中室內使用面積，就可知道有沒有被坑。

另外，既然空間平面圖是拿來作為裝潢參考的，就可以善用它看看到底其中有哪些地方是可以變更的。若買的是預售屋的話，只要時間掌握好就可以客變，也就是在建商進行蓋格局前先告知要做局部變化，這不需花費太多成本，即便是成屋，打牆重隔間的費用也不高，但需注意以下幾件事：

一、要拆的是否為支撐結構的剪力牆或跑管道的柱面？這可直接詢問建商工程人員或自己的裝潢師傅，也可以參考他層的作法。基本上，本戶或本棟他戶若已經有開窗的那面牆就可以動，比如把窗加大或外推使用，但若是新大樓可能就會受制於大樓公寓管理條例，而不被管委會許可。

二、注意水電管道原來在哪裏？廁所、廚房位置可以不變最好，或是加廁所就加在原廁所旁邊，以共用管道，以免到時要墊高地板之類，工程浩大又花錢。

三、若無隔音考量時，新的隔間牆有新的輕隔間材質可參考，價格低廉施工也快！

四、原有陽台的外推處，要謹慎考慮防水工程，這也是為何某些仲介業者的漏水保固，只保主建物而不保陽台、露台的原因。

■ 確認管道間、剪力牆及樑柱的位置是判讀空間設計圖的重要目的

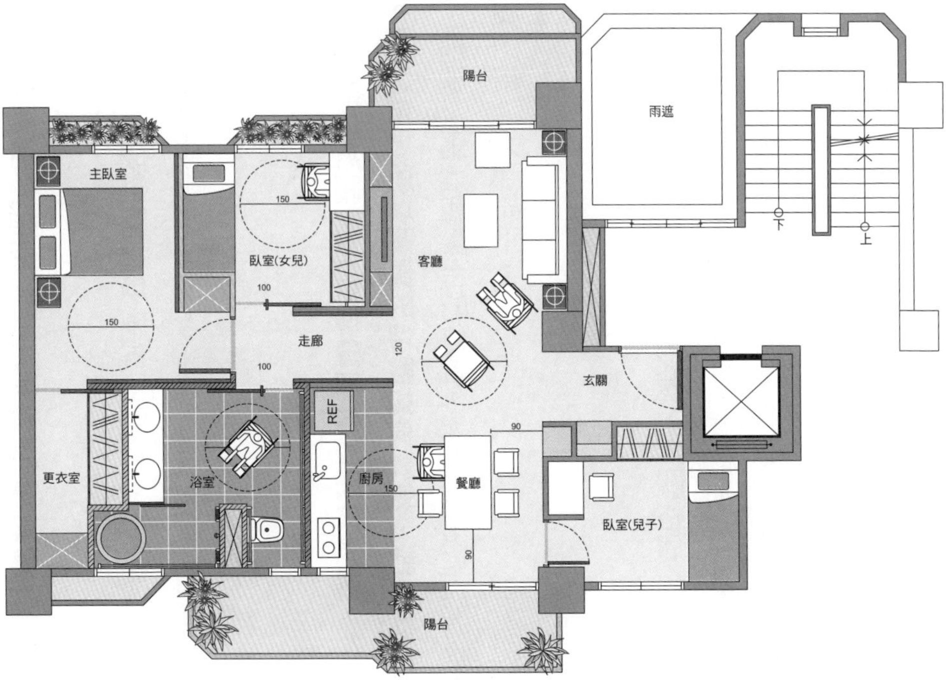

第4節：坪數真偽現形記—建物測量成果圖

至於建物測量成果圖，以中古屋而言，內政部規劃仲介買賣中古屋需提供買方一分不動產說明書，內含土地權狀影本、建物權狀影本、土地謄本、建物謄本、房屋和社區的地籍圖與平面圖。

而新成屋的成果圖則是依據建照核准圖來表述，在核發使用執照後，向地政機關辦理建物謄本登記之用。所以購買的坪數如何計算，就是以此圖為準。測量成果圖會標出基地位置、地形、地號、雨遮和陽台的位置，亦可算出室內的實際面積，並知道哪些是公設。建物測量成果圖的用途大致如下：

壹、清算坪數

用此圖可以看出購買建物的形狀，無關格局，因而便於計算坪數，並且可以了解本戶與本棟大樓這個基地準確的相對位置。於是，跟產權就息息相關，也就是擁有法律效益。如果想進一步了解購屋的確切面積和形狀，建物測量成果圖都是平面的一個框框，書面上會標示出建物的長寬尺寸，而這就像小學生在計算幾何圖形算面積一樣，乘一乘、加一加就可以輕易計算出坪數。唯一值得注意的是，由於此圖是從牆心計算起的，但到了現場卻只能從牆緣量測，所以會有牆面厚度的誤差值存在。

貳、比對實際使用空間是否加了公設

由於建商可能把該樓層的小公（歸該層使用的公共設施）甚至是大公（所有人會共用的設施）偷偷放進來，這是常起糾紛的「公設挪作室內實用」，而最常見的當屬機電房室內化，由於這算是違建，被舉報要隔回原機電空間，並再次讓主管機關檢查，而建商這樣作無非是想降低公設，讓消費者實際使用面積變大，也能成為銷售賣點。

參、檢視舊公寓的公設

一九九四年十月十九日以前取得建照的房子，可能將樓梯間、電梯間、門廳、儲藏室、走道、通道及瞭望台等都登記在主建物。也就是說部分梯間計入你家的主建物面積內。

肆、釐清約定使用公共空間

新成屋的一樓花園、空地或屋頂平台等，並無登記產權，也是屬於社區所有住戶的空間，通常建商為了增加一樓戶、露台戶或頂樓戶的附加價值，則會採約定使用的方式。

新建案常標榜豐富的休閒設施，容易讓民眾誤以為社區有大中庭，而容許高公設比，但其實只要是無頂蓋的區塊，如露天游泳池、中庭花園、頂樓露台，都無法登記建物產權，

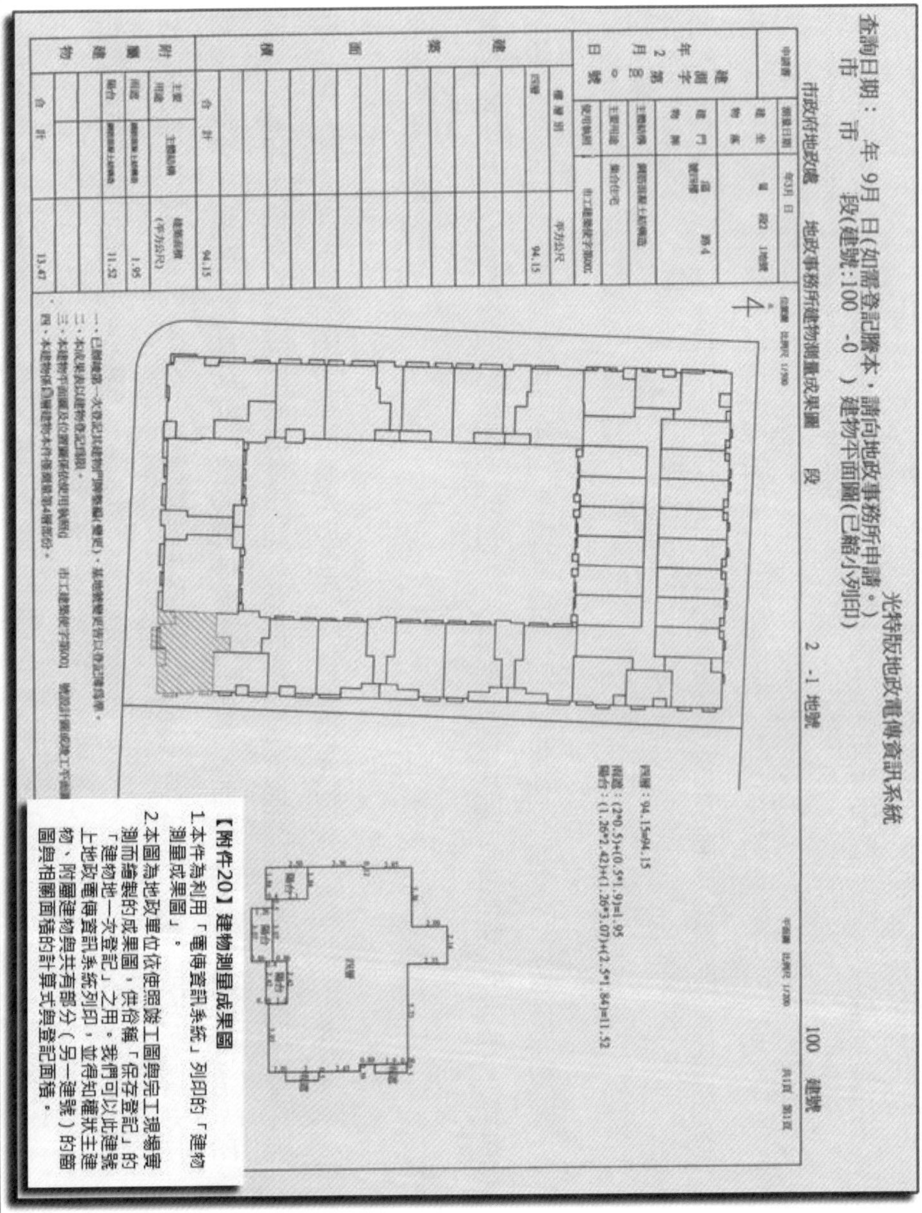

【附件20】建物測量成果圖

1.本件為利用「電傳資訊系統」列印的「建物測量成果圖」。

2.本圖為地政單位依使照竣工圖與完工現場實測而繪製的成果圖，供俗稱「保存登記」的「建物地一次登記」之用。我們可以此建號上地政電傳資訊系統列印，並得知權狀主建物、附屬建物與共有部分（另一建號）的簡圖與相關面積的計算式與登記面積。

所以當然原本就不能算入坪數。

伍、評量社區公設的細部面積

若想知道社區公設細項面積，除了可以主動詢問建商和仲介外，也可和公設的測量圖作比對。公共的部分如管理員室、中庭花園、社區休閒設施、防空避難室、停車位和車道的產權，是歸所有住戶以各自持分比例所共有，而使用權除了開始有分管協議約定外，都應該是共有、共有，所以如果見到有頂樓戶設置梯間門還上鎖，就明顯是違法占用行為。

第10章 下訂到交屋的步驟及風險

在買房的過程當中，最容易產生糾紛的時期就是從下訂到交屋的這段期間。試想，原本都已經看準了一間環境優質、格局方正、價格合理、屋況良好的絕世好屋後，誰知道由於簽約時沒注意到其中的細節，導致自己和對方產生了認知上的落差，弄得一肚子氣不打緊，最怕對方明明理虧還硬要搬出法律來約制你，最後吃上官司，可說是賠了夫人又折兵。

由於從下訂到交屋往往牽涉到權利、義務和雙方的金錢交易合約，在在都與法律相關，亦是一般小市民最難逾越的專業，因此其中的眉眉角角更值得注意。在本篇中，我將與你分享相關文件的看法、交易時的注意事項以及違約時的危機處理，雖然有門檻，但至少能略知一二，遇到狀況時，最起碼還懂得概括性的解決方案。

■ 從下訂到交屋會有哪些流程？

步驟1：簽約

買賣雙方針對不動產買賣價款達成協議，對於買賣流程，價款給付方式，買賣條件以文字方式詳載於合約書上，並且雙方親自簽名蓋章，經代書見證簽約之程序。

↓

步驟2：用印

買賣雙方將報稅、過戶所需證明文件交付代書，代書並於增值稅申報書、契稅申報書、所有權移轉契約書（公契）、登記申請書上蓋好雙方印鑑章的手續，稱之為用印。

用印流程應注意事項：

1. 簽約至用印約 3-5 日。
2. 聯絡買賣雙方用印時間、地點。
3. 由代書整理申報契稅及增值稅資料後送件。
4. 若買方需貸款，應於用印同時。
5. 請買方決定貸款銀行。
6. 由代書整理報稅及貸款資料後送件。
7. 銀行收件：審查、估價、對保、用印。

↓

步驟3：對保

需貸款者，由銀行審核貸款資格，後續應確認貸款種類、成數、利率、年限和金額。

↓

步驟4：完稅

當稅單（增值稅及契稅）核發後，代書通知買賣雙方出面繳稅，買方並於同時支付完稅款項，此稱為完稅。

完稅流程應注意事項：

1. 核發稅單。
2. 通知雙方完稅時間、地點。
3. 繳納增值稅（現金 1 日內，支票 3 日內）。
4. 簽收完稅款。
5. 過戶、設定送件。
6. 權狀核發。
7. 銀行盡可能配合在稅款繳清同時領取設定文件。

↓

步驟5：交屋

買方支付尾款，賣方將房屋騰空移交給買方使用，並以現場點交方式為之。

資料來源：作者整理

第1節：別傻傻地急忙下訂

當你看中了心目中的理想好房後，接下來就是要與對方下訂了。但下了訂，代表你已經願意拿錢買房子了，除了代表釋出誠意，收訂後，也表示雙方願意履約，因此，在下訂前得考慮清楚外，對於下訂後的責任歸屬、權利義務都不能不知道。

以下是幾項在下訂時，得特別注意到的事：

壹、確認買賣雙方身分

買賣房屋時，對方的身分確認是一件微妙之事。就賣方而言，瞭解買方之背景，最重要的是有助於確認將來售屋款項可以順利拿到，而不會發生一些意外狀況，甚至不至於遇見詐騙集團。對買方而言，確認賣方身分則可以知道，將來欲購買的房子曾經有誰住過，其背景是否單純，在交易過程中可減少許多不必要的糾紛。

一般說來，交付訂金時，最需要確認收受訂金的人是否就是所有權人或有代理權的代理人（代理人必須出示授權書），並須詳細審閱契約內容，且必須訂立明確的簽約時間及簽約地點、付款條件、附贈之設備及其他雙方約定之事項。

貳、確認不動產面積與使用狀況

土地坪數可從土地所有權狀及土地謄本上計算，土地面積會影響到賣方應繳納土地增值稅之多寡。建物面積可從建物所有權狀、建物謄本及建物勘測成果圖上得知面積。在舊有建物裡，通常有陽台但未登記之情形發生。如果是，則可申請辦理補登。而確認標的的使用狀況，主要須注意是否占用鄰地、公設保留地、道路用地的情形。另外，車位之產權使用情形，可依建物謄本及建物勘測成果圖之登記用途，是否為防空避難室及停車空間來研判。

參、確認其它產權問題

消費者在購買房屋時，通常未注意到所有權人是否有設定抵押、私人借貸或信用貸款等。消費者可以從土地謄本及建物謄本上得知所有權人是否有設定抵押，但無法從謄本上查得最新正確之借款金額，因此，仍要請賣方配合向銀行或債權人確認。

此外，和上述的狀況不同的則是預售屋。由於預售屋交易的對象是建商或代銷，且往往是尚無實品的交易，因此處理方式略有不同。

依照消費者保護法的規定，買預售屋契約有五天的審閱期，也就是說，消費者在下訂前可以先要求看契約，並有五天時間考慮，建商若拒絕，則有反公平交易法之虞，而如果消費者一時心急下了訂，在正式簽約前，消費者還是可以在五天內反悔不買，而且建商一定得把訂金退回給買方，不能以任何理由推拒，否則就是有違反公平交易法第二十四條。

不過建商因為有一定的出帳程序，你付的錢可能會被扣住一、二個月，才能無息退還。所以在付訂金前，還是要先想清楚為妙。

■下訂時或下訂後出現糾紛，怎麼辦？

1. **申訴**：可向業者、公會、消保團體或各縣市政府消費者服務中心申訴，如未獲妥適處理時，可再向消費者保護官申訴。
2. **調解**：對申訴理結果不滿意！消費者可向地方政府消費爭議調解委員會等機關申請調解。
3. **提起訴訟**。

第2節：別懶懶地沒看文件

消費者在買房子時，了解買賣標的物的詳細資料，是非常必要的，但是卻有許多人誤以為，看過了土地或建物所有權狀就萬事OK了。事實上，不動產的實際現況，是要透過仔細檢視地政機關的相關文件，才能真實反映出譬如是否遭到限制產權移轉、賣方是否有抵押權設定等情形。因此，當買房後，在閱讀一本不動產說明書時，有哪些又是買賣房屋時不可遺漏的必讀資料，以下列舉重要項目說明：

壹、謄本登記簿

有許多人誤以為有了土地或建物所有權狀，就表示該筆不動產就是你的了！事實上，不動產的權利歸屬是要以地政機關所記載的登記簿為憑。登記簿是地政機關記載土地、建物權利狀態的法定簿冊，可分為「土地登記簿」、「建築改良物登記簿」。而在簿中可詳細看到：土地及建物座落、面積、門牌、權利範圍、有無限制登記、停車位產權狀況等。

貳、地籍圖

地籍圖顯示建物所在的土地形狀、大小、座落、界址、面積、都市計畫道路狀況等，要特別留意房子是否建在道路或是公共設施用地上，這可是攸關屋主權益的大事。

參、建物平面圖建物位置圖

建物測量成果圖標示了建物座落的基地號、建物面積、附屬建物面積、總樓層數及其所在樓層、測量後之建物各邊界尺寸等。屋主可了解實際建物面積大小，以及附屬建物像是陽台、雨遮等面積，及清楚知道擁有的實際房屋室內坪數。

肆、土地及建物目前現況管理與使用情形

目前土地和建物的管理使用，要注意的是，有沒有分別管理的協議？而這可從大樓的管理委員會所召開的住戶大會的各項決議事項、會議記錄等可以看出端倪。

伍、土地使用分區證明

土地使用分區會影響將來開發的可能性，例如屋主想申請營業登記等，就必須弄清楚土地使用分區現況。

陸、交易價金、付款方式

詳列價格和付款方式是為了避免金錢爭議，更是為了讓價格透明化。

柒、應納稅額、規費項目之負擔方式

同樣是讓交易合理透明，將每項應繳納的稅額和規費記載在說明書上，買賣雙方

■ 買房子前，可別忘了看下列幾項官方文件

文件種類	調查內容
土地及建物所有權狀	藉此可瞭解土地及建物所有權人、面積、權利範圍、基地座落地號、共同使用部分建號、建物門牌等相關資料
土地及建物謄本	可由謄本內之標示部、所有權部及他項權利部，全面瞭解該土地及建物之坪數、用途、構造、建築完成日等細部資料，及是否有抵押設定、查封、限制處分等狀況。
地籍圖謄本	藉此可瞭解土地形狀、位置、界址、與鄰地之相關關係。
建物測量成果圖	藉此可確定主建物（即房屋）之所在位置，以及陽台、平台、樓梯甚至停車位之形狀與相關位置。
土地使用分區證明	藉此可確定建物座落於住宅區、商業區、工業區或其他使用分區內，及其使用用途類別。

資料來源：作者整理

都可清楚看出互相應負擔的部分，日後不會有不必要的爭議。

捌、其他特殊約定事項

此部分是買賣雙方互相約定的其他交易條件，例如賣方希望買方配合辦理土地增值稅減半的優惠，而買方亦會希望賣方配合辦理政府優惠貸款等。

第3節：別笨笨地急著畫押

簽約是買賣房子最重要的關卡，其中也牽涉到許多利益和法律問題，亦是消費者面臨到最多專業常識的階段，因此，即使還沒到簽約階段，購屋者或賣屋人都需要對簽約的程序和注意事項存有概念。

而所謂的簽約，就是買賣雙方針對不動產買賣價款達成協議，對於買賣流程、價款給付方式、買賣條件以文字方式詳載於合約書上，並且雙方親自簽名蓋章，經代書見證簽約之程序。

首先，簽約時買方須備證件及相關項目包括印章、身分證以及簽約款，而此時買方可以掌握的權利包括可至標的物所在地詳細檢視，了解標的物現況；詳閱契約內容；知悉標的物產權現況，而用印前則可以任意指定登記名義人。相對的買方應盡的義務則是得如期給付各期款項，配合辦理貸款；提供完整證件辦理產權移轉，並負擔契稅、規費、印花稅、代書費及買方應繳納之費用，而標的物現況的分管協議、住戶規約、大樓管理辦法、停車位使用辦法等，買方都必需繼續接受其中的權利義務。

值得注意的是，目前不動產買賣實務上有二種契約，其中公契是作為產權移轉之用，這一般皆由買方委託之代書辦理，有公定的書寫模式，故產生爭議情形較少。而購屋者最應該注意的反而是私契的訂定。一般買賣雙方於簽訂契約時宜注意以下幾點：

壹、產權清楚

簽約前買方應申請簽約當天的土地及建物謄本，注意坪數是否正確（目前謄本計算面積以平方為單位，而每平方公尺等於〇・三〇二五坪，因此要記得換算），或是否有限制登記（如假扣押、假處分等）尚未塗銷，以及土地使用分區是否為住宅區、工業區等問題。另外，目前賣方銀行抵押設定金額多少，更是要特別注意，以作為支付各期價款的依據。

貳、簽約當事人應為本人或所有權代理人

契約當事人原則上應由本人親自簽約，否則應有特別授權之書面證明。簽約時通常由代書核對雙方身分證，確認簽約當事人後始由雙方簽名蓋章。若本人無法出面，應提授權

書，其內容並應有出售不動產座落地址及特別授權代理議價、收受訂金等權利，並提出本人的印鑑證明（需與授權書所用印者相同），買方才可認定為合法有效之授權。另外，當事人如為未成年人時（未滿二十歲且未結婚者），則應由法定代理人出面簽約。

參、契約內容標示應清楚

關於契約書內必須以數字訂明者，如坪數、金額、持分等記載，應儘量以國字大寫為宜，以避免變造及爭議。

肆、公契移轉價格應明定

公契的移轉價格為課稅的依據，所以，應明文規定清楚。尤其，於調整土地公告現值之七月，對此更應注意，以避免爭議。

伍、付款方式應公平

目前買賣付款方式大體上分為四個階段，即簽約、用印、完稅、尾款。各階段之付款成數依雙方要求而有不同，惟如果賣方銀行尚有貸款未清，則應於簽約前查明，以作為支付尾款金額之參考。

陸、應有買方開立商業本票之規定

不動產過戶程序，於買方支付完稅款且雙方繳交增值稅及契稅完畢後，就可將房地過戶為買方名下，所以，為保證買方尾款可如期支付，依目前交易習慣，買方應開立一紙與尾款同額之商業本票置於代書處，而於尾款支付時始無息退還買方。

柒、交屋時期及方式應明確

一般是會在支付尾款的同時，辦理交屋手續，只是買賣雙方如另有協議時，應以書面規定清楚，以避免爭議。

捌、契約應由雙方當事人親自簽名

依法律規定，簽約書訂定好後，買賣雙方只要簽名或蓋章皆生效力。只是目前實務上，都會要求當事人親自簽名且蓋章，以示慎重；而如果是代理人代理簽約，則要在簽立本人姓名後再註明代理名義並簽名始可。最後再提醒購屋人，簽約完畢應注意立約日期有無填寫、文字更改處有無雙方認章，簽約書如為兩張以上，應於騎縫處雙方蓋章等，逐一檢查，以避免日後產生糾紛。

簽約時，契約書要怎麼看？

1. 簽約建物門牌須與所看房屋相同
2. 雖於付斡旋金或訂金前已看過土地、建物謄本，但在簽約時仍須再調閱當天的土地及建物謄本，以防中途產權或借貸設定有所異動
3. 確認簽約人是否為所有權本人；若本人未能出面，應要求對方提出授權書

付款時，要注意什麼事？

1. 了解房屋是否仍有租約存在，以免因買賣不破租賃原則，導致無法交屋
2. 各項稅費及其他費用負擔必須記載清楚，通常買方須負擔契稅、代書費、登記規費、公證費、保險費（火險及地震險）、貸款代辦費；而地價稅、房屋稅、水、電、瓦斯、管理費則一般以交屋日為分算日。
3. 附贈設備須註記清楚，以免衍生交屋糾紛。
4. 若建物含有車位，須注意車位能否單獨移轉。
5. 交屋日應約定清楚。
6. 應請承辦代書確認賣方抵押權借款金額及實際應清償金額，並記錄於契約書上，同時應於特約貸款中明訂賣方抵押權債務清償及塗銷之方式及期限。

第4節：別快快地接收房子

房子買定離手後，在搬進新家時，得需要經過嚴密的驗屋和交屋程序，才能確保購置的房子品質無虞。

一般來說，交屋就是買方將尾款付清了，賣方則將房屋騰空移交給買方使用，並以現場點交方式來進行，通常認為驗收手續完成，就代表著買方接受賣方交屋的屋況及為其接收不動產的開始，所以當交屋時若有明顯可以辨識的瑕疵，買方如因為不在意且未及時向買方反應，一旦交屋後，此項保固責任就可能因該瑕疵不在建商保固範圍或保固年限內，而必須自費整理了。

反之，在驗收過程買方如曾向賣方（建設公司或前任屋主）具體反應，賣方就有責任將房屋完整無損地交付給買方。在成屋交易方面，最讓買方或仲介公司頭痛的，莫過於房屋漏水問題。由於漏水問題及工程可大可小，若未實際居住使用的話，賣方可利用牆面粉刷、貼壁紙等手法遮掩一時，買方只有在真正遷入使用一段時間或大雨臨盆後才會發現問題，這時，購屋人面臨的是如何維護本身權益。依據相關法令規定，房屋完成交易後半年內，購屋人可申請向上一任屋主要求負責維修，至於實際維修及費用負擔則有賴雙方之談判協議內容而定了。

至於交屋時要注意的事項如下：

壹、在簽收尾款時同時點交房屋（最好能在房屋現場點交），而且在點交時應檢視房屋有無漏水或其他瑕疵，附贈設備是否與契約簽訂相同，交付之鑰匙是否正確等。地價稅、房屋、水電、瓦斯、管理費應一併分算及找補清楚。可至管理委員會確認賣方是否仍有欠繳管理費情事。

貳、應向代書索取土地增值稅單正本、公契契稅單影本等文件。

參、清償和給付債權的標的，以消滅債務等問題。清償人可以請求返還借據或開據塗銷負債之字據。塗銷貸款（依土地登記規則登記之土地權利如抵押權），因權利之拋棄、混同、存續期間屆滿、債務清償、撤銷權之行使或法院之判決，致權利消滅時，由他項權利人或原設定人或其他利害關係人提出塗銷登記。塗銷貸款時應向原申貸銀行取回（作廢）借據、火險單正副本，並影印一份抵押權塗銷同意書作為憑證。

值得注意的是，房屋交易過程中，因交屋而產生之糾紛甚多，因而鬧上法院申請仲裁或投訴消基會請求解決的案例隨處可見。如何預防問題的發生，避免勞神傷財是最重要的課題。

■五大步驟，教教您聰明交屋

交屋流程表

步驟1：建商或賣方通知驗收

↓

步驟2：驗收前準備

1. 再次詳細檢視買賣契約　2. 排定檢視流程，製作驗收清單
3. 事先確認有充分的驗收時間

↓

步驟3：驗收

●程序應掌握由內而外（由屋內至屋外）、由上而下（由天花板到地板）等兩大原則檢視

1. 書面驗收：拿出契約和原設計圖對照是否和實體一致
   A. 所有權狀登記坪數VS契約坪數　B. 現場規劃設計VS原設計圖
   C. 屋內現有設備VS契約附贈設備
2. 品質驗收：實際使用，檢查屋況、管線品質
   A. 屋況是否和看屋時一致　B. 給水、排水系統是否良好
   C. 室內電器管線配置圖是否和實體相同　D. 保全監視系統是否堪用
   E. 消防、逃生、停電小公部分是否齊全
   F. 賣方應繳之稅費、水電費、電話費是否已繳清　G. 房子是否清乾淨
3. 公設驗收：公共設施與廣告DM或賣方說辭是否一致
   A. 停車位位置、坪數是否正確無誤　B. 公設與銷售廣告或賣方原說辭是否一致

↓

步驟4：解決瑕疵

1. 將所有瑕疵記錄、拍照並列出清單
2. 若瑕疵無法解決，可考慮解除合約或要求降價
3. 言明，瑕疵解決後方能交屋

↓

步驟5：交屋

1. 核對文件：
   A. 土地所有權狀正本　B. 建築物所有權狀正本
   C. 產權移轉登記，設定稅費、代書代辦費用及其他規費明細
   D. 向建商或房仲要回簽立的本票，並銷　E. 點交房屋鑰匙及大樓門禁卡
2. 相關文件索取（通常為建商提供）
   A. 房屋保固證明書　B. 無輻射鋼筋污染保證書　C. 非海砂屋保證書
   D. 屋內設備使用手冊　E. 社區管理規章

資料來源：作者整理

■ 交屋時我需要確認些什麼？

交屋時我需要確認些什麼？
□1.坪數是否與契約及所有權狀所載一致。
□1.附贈的設備是否如合約？
□2.天花板、牆壁是否漏水、滲水或有剝落情形？
□3.馬桶、水管是否暢通？
□4.窗框是否會滲水？
□5.水電管路是否確實接通至堪用狀態？
□6.有關房地稅捐及各種規費、水電費、電話費、管理費是否已繳清？
□7.房屋及土地如有貸款時，貸款本息繳納情形是否符合議妥之契約條件。
※若以上有問題可請求賣方行使對標的物的瑕疵擔保責任。

資料來源：作者整理

■ 常見交屋糾紛預防方式

常見交屋糾紛
1.產權不清：如無法於預定期限辦妥所有權移轉或抵押權負擔未塗銷等。
2.銀行貸款額度不足：實際貸款成數較賣方原承諾銀行貸款成數為低時，買方自備款不足如何處理，合約未明訂，雙方即發生爭議。
3.稅捐及費用負擔：如房屋稅、地價稅、水電費及土地增值稅、契稅等之負擔，無明文約定亦常生爭議。
4.賣方為減少土地增值稅負擔而提前辦理土地所有權移轉。
5.施工品質不良：如建商偷工減料造成房屋品質不良。
6.建築坪數糾紛：如室內面積過小，公設面積過大等，以及公共設施及停車位爭議。
買預售屋如何預防交屋糾紛
1.選擇商譽佳的建築商。
2.仔細看清買賣契約約定，買賣契約最好附上設備及施工用料說明，施工期中最好實地了解施工情況、建材使用與合約內容是否相符等等。
3.仔細計算坪數，包含室內坪數、陽台坪數、大小公共設施坪數，此外，並須注意地下室、公共設施是否包含在出售面積之內。
4.附贈之設備或家電用品是否已於合約中載明品牌、型號、數量等。
5.消防設備是否完善。
6.是否依法領得使用執照。
7.各種稅捐、規費是否繳清。
買賣成屋如何預防交屋糾紛
1.簽買賣契約時，應注重契約內容有否載明房屋如有瑕疵時如何解決。
2.房屋及土地的所有權人應和買賣契約的賣方相同。
3.出售房屋及土地的貸款情況。
4.附送的傢具或家電用品，裝潢等，於簽約時寫清楚品牌，數量或照相存證，以防賣方在成交後反悔，將贈送之物品取走或替換次級品。
5.海砂屋、輻射屋問題造成購屋者極大的憂慮，此問題可向建商公會或專門鑑定單位請求鑑定標的物是否為上述瑕疵品。

資料來源：作者整理

肆部曲：
財務計畫，拒成房奴最首要

私房小語：

就算荷包再瘦，
這些準則都能讓你和沈重的蝸牛說拜拜

「有錢能使鬼推磨，沒錢叫天天不應！」這是很多購屋者共同的認知，但有了很多錢，就能夠確保買房都不會為了錢煩惱嗎？我想告訴你的是，「那可不一定！」

你大概很難想像，一個年薪五百萬元的總經理，居然會因為買房沒做好財務規劃而差點陷入經濟危機。幾年前我訪問過一位曾在電視台擔任總經理的購屋者，就是一個血淋淋的例子。

五十出頭歲的H總，十五年前從澳洲回國擔任T台新聞部總編輯，和所有人一樣，認為一家人總得有個安身立命之處，於是就貸款了七百多萬，買下內湖一戶三十多坪、一千多萬的住宅，立業又成家。剛回國的那幾年，他的事業扶搖直上，二〇〇〇年時更被某無線台延覽當總經理，達到人生的巔峰，當時自己加上在公家機關任職的太太，H家的年收入一度將近五百萬元，是羨煞眾人的金字塔頂尖份子。因此，H總的夢想也越來越大，加上準備將不良於行的母親接來同住，後來看中了位於大直一戶有水岸景觀、近六十多坪、二百多萬的中古屋，就決心買下。

其實，要換到這個空間加倍，但價格也倍增的房子時，因為現在住的房子也還在付房貸，手頭上現金不多，H總一開始也既期待又怕受傷害，但他算算，反正自己和太太一個月有三、四十萬元的收入，加上再把內湖以及中和老家的房子賣掉，應該還撐得過去。於是在「有夢最美、築夢相隨」的動力趨使下，二〇〇一年H總大膽地向銀行申貸了一千三百萬元房貸準備買下房子。

孰料，夢並未如預期般美麗。首先，原本打算處分內湖房子，拿來當購屋基金，卻沒想到房子跌價，還了貸款餘額所剩無幾，此時新房子又已經動工裝潢，要花上好幾百萬元，大大出乎當初H家的預算，但H總還是咬緊牙關，再跟銀行貸了上百萬元信用貸款來補足缺口，算是費盡千辛萬苦才入住新家。

一千五百萬左右的貸款，一個月就要吃掉H總十多萬的薪水，加上母親的醫藥費及兩個看護得花掉六、七萬元，再計入家庭雜支，搬到大直後的H家，一個月最起碼就要耗掉二十多萬元，這是一般小康家庭連賺都賺不到的數字。偏偏人算不如天算，二○○○年他離開了無線台，先後擔任報社社長以及另一家G台的總經理，但隨著經濟走下坡，薪水也每況愈下，二○○九年八月又離開G台，由於正逢大失業潮，也失業了一個月，雖然後來轉至科技公司擔任顧問，但這時H家的年收入已經折半剩下二百多萬元。

儘管年收入高達二百萬，但目前H總的貸款月支出卻要九萬多元，再加上每個月若加上雜支，幾乎將家裏的錢蠶蝕一空，甚至偶爾還會出現赤字，這時他才如夢初醒：「原來，好日子真的過了！」於是，H

家開始實施前所未有的簡約政策，一個月少上好幾次的館子，原本準備退休的太太也打消了念頭，以前出門都有車代步的H總，現在只要走路三十分鐘可以到的地方，一律步行，甚至母親的看護也減至一個，而就連原本可以瀟灑過日子的他，也努力開始在大學兼課以補足缺口。

雖然H總一直不認為自己是為房子操心勞碌的「房奴」，但每每朋友們一聽到都深感震撼，最令他們沈重的是，H總平日生活不奢侈、沒有過度消費，只因為一個自己原以為負擔得起的房貸，加上職涯上一系列的轉折、失算和無預警的景氣風暴，資金就拉出了警報，這無疑給他們一記當頭棒喝，「原來錢沒算好，是任誰都可能被房貸拖垮的！」

我很愛跟別人分享以上這個故事，不是要嚇唬大家買房有多沈重，而是要提醒買房時「算錢」有多重要。很多人在看房時，處處斤斤計較，但偏偏沒把錢算好，吃虧不打緊，還讓自己賠了一生的幸福。因此，前三部曲，我所分享的是如何找到適合自己的好房，最後一關，要跟大家談的，則是把荷包給看緊。

第11章 論價格，拿捏最精準的行情價

——就算荷包再瘦，這些準則都能讓你和沈重的蝸牛說拜拜

每當有人問我，買什麼房才會賺？我認為答案很簡單，那就是「買相對便宜」的房子就會賺！畢竟幾十年來，台灣的房地產只有停漲或小幅修正過，幾乎沒有大跌或腰斬過。因此在向上趨勢的格局中，只要買得比人稍便宜，就等於未來會比別人賺稍多一點。所以要在房地產成為贏家，「弄懂房價、抓對行情」十分重要！

通常，房價可以分為定價、底價和成交價三種。定價是銷售現場的價格、底價則是建商委託代銷公司或賣方委託仲介銷售的最後底線，而成交價則是經過買賣雙方交戰，在你情我願的情況下成交的價格。

我記得我還在仲介公司服務時，公司就一直對員工闡述一個觀念「操作房地產就是一場情報戰！」這觀念其來有自，因為要掌握住行情，就得要不停的打聽，然後再

加上專業的算計，才能拿捏出最有利的進場價。

而最近，政府為了實現居住正義，祭出了實價登錄政策，讓購屋者可以輕易地得知市況行情。只不過，實價登錄真的能反應最真實的價格，而且能讓房市就此透明化嗎？到底實況如何，請待本篇揭曉。

第1節：別以為建商說的未來有多好

一般而言，**建商在訂定預售屋房價時，是以總成本加上利潤及應繳稅額而得出的價位。其中房屋成本主要包括土地、建築、行銷等費用，以及執照費用、媒體廣告、利息負擔以及預估銷售期間合理的利潤率**。因此，購屋者要推估自己看中的預售屋價位合不合理？就得要先了解建商訂價的由來。

一般來說，**小市民要推估預售屋的行情，最精確的算法就是用建商的購地成本來回推建商的合理售價**。這是因為建商在推案時，必定算過了成本和利潤才進行定價，因此若能精準拿捏建商的營造成本，即可大略算出預售屋價格合不合理。一般來說，建商的成本包括了土地成本、建造成本，還有一至一．五成的管銷費用、廣告預算和利息支出，利潤大約則抓二至三成，如此大約就是建商推案的最低賣價了。

我姑且拿前一陣子轟動各界的潤泰建設標下台北微風廣場一三四五坪的土地為例，你就會更了解，預售屋的行情是怎麼來的！

這筆土地當時潤泰以八一．九九億元的價格標下時，由於換算回來，每坪單價高達六〇九．六萬元（八一．九九億除以一三四五坪），創下了住三土地（該筆土地使用分區為住三）的歷史新高，而且足足比底價五七．八八億元高出四一．六五％，手筆之大十足令人咋舌，也為沈寂許久的台北房市投下一顆震撼彈。

只是許多人不解，何以潤泰會在政府積極打房、土地建築融資不易，甚至房價盤整修正之際等利空因素交錯下，還以超出底標甚多的天價買下這筆土地？而就算是微風案的容積率為二二五％，也就是每坪土地將來可蓋二．二五坪的建物來算，其建物每坪的成本也至少高達二七〇．九萬元（六〇九．六除以二．二五），也就是潤泰的訂價必需要站上每坪二百七十一萬元才能回本。但這和該地鄰近的建案每坪只有一百多萬元的推案行情來看，似乎是很難賣得動。於是潤泰這遭所打的算盤，著實令人丈二金剛摸不著頭緒。

不過在眾所疑慮之下，潤泰這樁看似虧錢的打算，看在地產界專業人士的眼裏卻一致認為這十足是門「划算的投資」，其主要原因有二。因為，很多人都忽略了微風案所擁有的「容積移轉（將A地未用盡的容積率挪至B案使用）」隱藏價值！

由於微風案位在捷運忠孝復興站五百公尺內，根據北市府規定，對於捷運站周遭五百公尺內的開發案，可適用於容積移轉辦法（對於移出容積和接受容積的土地，都有條件規定），也就是假使潤泰手上握有來自於其他土地的容積移轉額度，就可以轉至微風案使用，而提高微風案的容積率，未來就可蓋更多樓層來銷售。

其實這樣的情事早有前例，如皇翔建設前幾年就因為參予大稻埕古蹟開發案，取得容積轉移額度後，就把大稻埕的容積轉移至其位於信義計畫區內的豪宅案使用，換言之，目前手上握有容積移轉額度的潤泰，一但將其他土地的容積轉給微風案使用，將大幅提昇該案的投資價值。

而估計，依微風案的現況規定，一經容積移轉，容積率可加碼五成，所以，若潤泰操作得宜，可將原本僅有二二五％的容積率，提昇至三三七．五％，也就是原本每坪只可蓋二．二五坪的土地，後來可加蓋到三．三七五坪建物，土地價值不言而諭。

進一步換算，若將未計入容積範圍，但仍可進行銷售的大小公設、地下室、停車場的價值計入，另外把每坪建物成本以二十六萬元計算（一般來說，建物建造成本大約是附近同類型同等級房子推案價的二成至二成五，若以周遭豪宅行情為每坪一百三十萬元來說，該案的建造成本大約是二十六萬元），微風案實際每坪建案成本只有一六四．八萬元，也就是說，潤泰其實未來推案價只要達一百六十五萬左右就回本了。

從這故事可以得知，**建商用高價買下的土地，表面上看起來每坪土地單價很高，但這不代表推案價也要那麼高，其中的影響因素就得要看容積率**。因此專業人士推估預售屋價格，除了掌握建商建地價格外，都會先弄清楚其容積率多高，再回推出「容積單價」，也就是建商在該土地上真正能蓋出的總樓地板面積，用這個總樓地板面積為基準才能算出真正的每坪單價。拿上述的案例來說，容積率二二五%，換算回來，其實建商可在該土地上蓋出總樓地板三〇二六．二五坪的建築物，因此每坪單價自然就降至每坪二七〇．九萬元左右了。

只不過，潤泰的這筆土地又可以進行容積移轉，所以其實真正的容積率是三三七．五%，於是真正的每坪容積單價其實只有一百八十萬左右。而再加上不在容積計算範圍，但建商賣給購屋者時仍能計入權狀的大小公設（如戶外游泳池、地下停車場，都是容積率不計，但仍會算到購屋者的權狀，照樣賣錢），其實建商在銷售時，每坪的土地成本又更低了。

■ 精準算出預售屋價格

公式

預售屋每建坪單價＝每建坪土地容積單價成本＋每坪建造成本＋每坪（管銷費、廣告費、利息）＋每坪利潤

分項計算公式

- 每建坪土地容積單價成本＝土地成本÷總銷售樓地板坪數
- 總銷售樓地板坪數＝主建物總樓地板面積（基地坪數×法定容積率）＋可銷售公共空間坪數（也就是不算在容積範圍，但建商仍能拿來銷售的大小公，通常是主建物總樓地板面積的 65%）
- 建造成本＝約同類型房屋售價的 2 成至 2 成 5
- 管銷、廣告及利息等費用約為營造成本的 1 成，即（每坪土地容積單價成本＋建造成本）×10%
- 利潤則為上述總成本的 2 成左右，惟視建商而定，故利潤＝（每坪土地容積單價成本＋建造成本＋管銷、廣告、利息）×20%

舉例

若建商當時用 5 億，取得 200 坪住三、容積率為 225%的土地，換算回來，該基地的銷售樓地板面積是 742.5 坪，因而每建坪土地容積單價成本則是 5 億÷742.5＝67.34 萬
至於建造成本則是為當地一般行情價（假設是 50 萬）×20%＝10 萬元
而管銷、廣告和利息成本＝（67.34 萬＋10 萬）×10%＝7.73 萬
利潤＝（67.34 萬＋10 萬＋7.73 萬）×20%＝17.01 萬
因此該建案的每坪合理單價＝67.34 萬＋10 萬元＋7.73 萬＋17.01 萬＝102.8 萬元

註：不過，若是遇到台北市住三的土地，另有一簡便的方式可以計算，
即每坪土地成本÷2≒預售屋價格
台北市住三土地合理預售屋價格速算：5 億÷200 坪÷2＝125 萬

資料來源：作者整理

總而言之，推算建案價格合不合理，得要了解建商當時的土地成本價、真正的容積率多少，甚至有沒有容積移轉，才不致於被開了過高的價格還渾然不知。或許你會問，「這麼複雜，我算得頭都昏了？」在此提供一個更簡單的方法，一般而言，我們所買的住宅，最常見的是住三的土地，一旦你大樓的基地是住三而且沒有其他容積移轉的話，合理的推案價，就直接用當初每坪土地單價的一半去算就好了。

只不過，房地產具有獨特性，售價會隨著物業的個別因素、區域條件和銷售時機而有所變動，在推算價格時，也別忘了把建築物本身以外的變因給考慮進去。

第2節：別以為店頭貼的行情很真實

至於中古屋，由於不管是屋子本身、社區環境都已經成形，因此很容易藉由鄰近週遭的個案相比，推估出合理的價格，因此只要多聽多問，藉由他案的行情，再運用一些簡易的推算法，很容易得出房子的大約合理價。方法如下：

壹、租金回溯法

判斷一間房子到底價值多高，除了賣價是一個指標外，其實出租行情亦是一個重要標準，因此，假設我們能在同區域內，找出屋齡、坪數、環境等條件相的房子，探聽其租金行情，再抓個合理的租金投報率，依公式回推出的價格，大約就是合理的價格。

也就是**合理房價＝年租金除以年租金報酬率**，一般而言，在都會區，住宅租金報酬率大約為三～四％，但高房價地段投報率會較低，以台北市為例，往往只有二％左右，而一般來說，房東將房子出租時，投報率絕對不會壓得比房貸利率還低，因此，估算時，投報率一定要高於現行房價。

值得注意的是，不景氣時投報率高，房市熱時投報率價變低；好地段投報率低，較差的地段投報率會高；小套房的投報率要設得特別高，因此推算中古屋行情時，要記得適時適地調整投報率，才能算得精準。

貳、同類比較法：

要知道行情合不合理，最直接的方法就是比較同類型或同一棟大樓的價值。以往要取得成交行情只能透過鄰居或跟大樓管理員詢問，但現階段房仲都已經將成交行情主動放在網站上了，再加上目前已有實價登錄的價格可以查詢參考，所以藉由公開成交行情的查詢，再和屋主開價作比較，就可知道價格合不合理了。

參、找代書或銀行double check

另外，也可以找代書或是直接找附近的銀行幫您鑑價，買賣房屋時可以直接到代書事務所或常往來的熟識銀行提出需求。

■讓中古屋的真實價格現形

新成屋回溯法

1. 20 年中古屋合理價＝新成屋價格×1/2
2. 10 年中古屋合理價＝新成屋價格×（3/4）
3. 5 年中古屋合理價＝新成屋價格×（7/8）

收益法

1. 中古屋合理價＝中古屋每建坪合理租金×（200～250 倍）
2. 具都更題材的中古屋合理價＝中古屋每建坪合理租金×（300～400 倍）

產品比例法

在同一地段不同的產品也擁有不同的價值，一般而言，若一般住宅指數為100，國宅則為 70～80；工業住宅則為 60～70；地上權產品則為50，因此

國宅房價＝一般住宅房價×70～80%

工業住宅房價＝一般住宅房價×60～70%

地上權房價＝一般住宅房價×50%

資料來源：作者整理

第3節：不要讓建商多賺你好幾筆！

「買房子一定要殺價，但殺得太過火會不會錯失良機？議價到底有什麼技巧？該怎麼拿捏尺度？」想必這也是想要買房的你，內心正在困惑的事。其實殺價要殺得恰到好處，得掌握「天時、地利、人和」等三大基本要素。所謂的天時就是要看整個市場的變化，地利則是依個人喜好而拿捏尺度，人和則是殺價時抓住對方的心態。

其中在預售屋方面，我可以分享幾個殺價良方：

第一招：冷門進場法

由於預售屋的價格和殺價空間，通常會依銷售及看屋人潮做調整，而且代銷人員特別容易在人潮眾多的時候營造「戲劇效果」，例如假日時就創造此起彼落的成交廣播、掌聲等，以煽動人心。**所以若要殺價，最好是週一至週五時去看屋，以避免干擾，而且當顧客較少時，代銷人員也較不用顧慮他人偷聽議價過程，價格反而好砍。**

第二招：掐頭選尾法

通常預售案的價格和時間會呈現一個巧妙的週期，也就會「前低、中高、後低」。進一步來說，即是在接待中心建剛完成時，或是結案後準備拆除之際，議價空間最大，一般而言，約可多出個五~十%的議價空間。

第三招：掌握語病法

這是仰賴購屋者在看屋時的筆記功力，建議你在看屋時要隨時記下代銷人員的介紹，**例如附贈五十萬元廚具、衛浴，或是價值一百二十萬元的裝潢等當作談判籌碼**，甚至最後可以跟銷售人員表明，要將所有的附贈品折現扣掉，雖然或許不能全額折退，但至少能取得不錯的議價空間。

第四招：退而其次法

若不能在價格上讓建商讓步，就不妨反向思考，多拗一些家電、裝潢，以貼補未來新家添購新品時的成本。

第五招：分進合擊法

當看準某一個建案時，不妨找朋友「分別」去案場，在不同的時機點佯裝詢問同一個標的物價格，並且大幅砍價，藉以了解其售價底線，看誰詢到的價低，再以比該價格低約一至二成的價格，作為談判的基準。

第六招：草船借箭法

進到案場時，可以先問四樓以及廣告戶的開價，因為這兩種物件通常是全預售案中最便宜的，消費者可用該價格，再下殺兩成作為個人的出價，一來一往間，就可以談出不吃虧的價格了。

第七招：以量制價法

現在不僅一般商品流行團購，連買房子也可以談團購價格，如果你邀請親朋好友或其他投資客，**以購屋團的型式鎖定特定物件，你就變成了購屋大戶，談判籌碼自然加分許多，**而銷售人員為了多接幾筆訂單，當然也樂於降價求售，少抽一點佣金。

第八招：現金為王法

對建商來說，現金收越多，越有助於減緩其龐大的利息支出，因此現金付得多的客人，優惠比例也較多。尤其是碰到急需現金解套的建商或賣方，殺價空間就更大了。

第九招：因時制宜法

在不同時機點，殺價的狀況則各有不同。如景氣下墜時，買方可向賣方強調市場向下修正機率較高，建議賣方先落袋為安。另外，多數建商在年底時會趕將預售屋完工並交屋，以讓財報數字好看，所以可以趁年底進場。

■便宜買房的八個錦囊妙計

方案（提供者）	方法	優點	缺點及注意事項
優惠房貸（政府）	2000 億優惠房貸、青年安心成家方案、購屋及修繕住宅補貼方案	提供低利貸款	有身分限制
零自備款（建商）	提供銀行核貸以外的金額給購屋者無息貸款	消費者可免自備款購屋	等於購屋全貸，且建商提供部分（貸款），通常還款期限短，將加深還款壓力
成家圓夢金（建商）	交屋贈圓夢金給購屋者	等同變相降價	依戶別不同，所得圓夢金同
零利率（建商）	提供金額不等的零利率貸款，或由建商補貼利息，目前最高達 10 年	若依 10 年 200 萬計，可省 27.5 萬元	勿因此而過度拉高貸款額度
免稅（建商、仲介）	補貼購屋者房屋稅、地價稅、火險、地震險、代書費、大樓管理費……等	等同變相降價，購屋後無額外支出，易計算	需注意建商提出之限制條款書，如僅限……
送贈品（建商）	買屋送裝潢、家電或車位	節省額外開支	需注意限制條款，或贈品品質
消費券（建商）	用消費券，抵萬元以上房價	等同變相降價	需注意限制條款
原價買回（建商）	動工 2 年後、交屋前，買方若不願承購，建商無條件買回，僅扣總價 3% 管銷費，並補貼已繳價金 2 年利息	1.間接保障不套牢 2.相對於現行法令規定，買方退屋需沒收總價的 15%，此案等同把違約金降為 3%	1.需注意建商財務狀況 2.也等於被建商綁約 2 年

資料來源：作者整理

第4節：不要讓賣方把你當成盤仔！

相對於預售屋，中古屋的殺價則要特別注意賣方的狀況，從賣方的弱點進行殺價，會有意外的收穫喔！以下幾種殺價方法可供參考：

第一招：開價趨勢法

其實，**從委託售價的變化，可以判斷議價的難易度。舉例而言，該案件在7月時已經降過一次降了，八月再跌，顯見賣方急於出售或房子不夠搶手，就很好易價了。**

基本上，若你有意願購屋，其實都可向房仲業務員或相關單位調閱房子的謄本，然後輕易地查看屋主在何時購買、貸款的狀況，甚至也能直接向房仲詢問，屋主是不是缺錢，以及是不是投資客，一般而言，屋主財務有問題，有急售的狀況，都可多議價個五%。

第二招：聲東擊西

若屬意某一物件時，可以每次都找不同的親友陪看，親友團可以直接或間接表示價格太高，一般來說，屋主大多會怕購屋者有所遲疑，可能會讓價求售。

第三招：殺單去尾

通常賣方的開價，一定是拉高以後的價格，以預留買方的殺價空間，因此建議買方先從每坪單價殺起，再從總價去掉尾數。如每坪三十萬元總坪數三十坪的房子，就可以從每坪先殺個兩萬元，讓總價剩下八百四十萬元，然後再殺尾數，以八百萬元去談。

不過買屋砍價，若砍到見到骨頭，就根本不可能成交，因此要懂得「砍在刀口上」，才不會白白浪費時間。

除了殺價外，事實上，在市場上常會有一些為了促銷房地產而祭出的優惠措施，能夠有效地降低買房成本，值得注意！

如政府常會針對首購、勞工、青年、公教人員、殘障及低收入等弱勢族群、失業者祭出一系列的低利貸款，如前一陣子的二〇〇〇億優惠房貸，或者是青年安心成家方案，要嘛就是前兩年免息，或者是二十年還款期限都是低利率，一但善用均可省下可關的利息支出，購屋者應掌握自己的優勢身分申貸。

另外，建商有時候會在房市比較低迷時，或是政府實施打房政策時，為了耽心購屋者怯步不來買房價，而使出各式方案來降低買方的負擔，提昇購屋的誘因。

青年購屋房貸優惠方案		
內容	青年安心成家方案	住宅補貼
年齡	20～40 歲（換屋者至 45 歲）	20 歲以上
貸款規定	貸款上限額度為 200 萬元，期限為 20 年，寬限期最長 5 年。前 2 年 0 利率，第 3 年起貸款利率為 1.417%	220 萬元，貸款期限最長 30 年，寬限期最長 5 年
家庭收入上限	台北市、新竹縣市為 230 萬元，新北市、桃園縣 223 萬元，高雄市、基隆市 154 萬元，台中市 153 萬元，台南市、嘉義市 152 萬元，其他縣市 147 萬元以下。	家庭年收入 50%分位點以下，台北市、新竹縣市 148 萬元，新北市、桃園縣 144 萬元，基隆市、高雄市 97 萬元，台中市 96 萬元，台南市、嘉義市為 95 萬元，其他縣市則為 88 萬元。
家庭身分限制	1. 新婚者：於申請日前 2 年內辦理結婚登記。 2. 換屋補貼者：育有未滿 20 歲子女，且子女與申請人或申請人之配偶設籍於同一戶。	1. 有配偶或與直系親屬設籍於同一戶者。 2. 單身年滿40歲者。 3. 父母均已死亡，戶籍內有未滿 20 歲或已滿 20 歲仍在學、身心障礙或沒有謀生能力的兄弟姐妹，需要照顧者。
住宅狀況限制	1. 申請人、配偶及戶籍內直系親屬及其配偶，均無自有住宅，或申請日前 2 年內購屋且已辦理貸款。 2. 換屋補貼者原僅持有 1 戶住宅，核定換屋後 1 年內只有 1 戶住宅。	申請人、配偶及戶籍內直系親屬及其配偶，均無自有住宅，或僅持有 1 戶於申請日前 2 年內購買並辦有貸款的住宅。

資料來源：作者整理

第5節：莫輕忽房價透明的新政！

自從實價登錄正式上路後，不僅吹皺了台灣房地產的一池春水，讓沈寂已久的房市增添不少話題，也讓買賣雙方都枕戈待旦，調整步調和策略來因應價格透明化後的新市場。

首先，擔任賣方的仲介、建商和代銷，隨著「房價」這個潘朵拉的盒子被打開後，操作遊移空間變小，而急著修正定價以及行銷的大策外，購屋者則因為不想再「霧裏看花」，紛紛張大眼睛，一窺房價真相。因此在實價登錄提供民眾查詢後，一開放就造成查詢熱潮。從網站的流量顯示，在上線一週內，查詢人數快破百萬，尤其首日，短短五分鐘，網站湧入三千名訪客上線。

於是，上網查價似乎成了時下買屋者的標準動作。根據房仲觀查，目前來店看屋的消費者，有七成會主動要求房仲店頭提供或自己帶著資料來看房子。顯見不少民眾懷著「有了實價登錄，就等於有了『居住正義』」的心態，非常仰賴實價登錄的威力。

然而到底實價登錄是什麼？對買房和賣房的人影響多大，我姑且以下列小市民最常問的問題，用問答的方式來解惑：

問題：實價登錄對我的權益有何影響？

答：實價登錄有助房價透明，由於房價被攤在陽光下，不會再受到不肖房仲與代銷業者欺騙。不過，也有學者指出，目前台灣即將實行的登錄表格項目太粗略，房價雖有參考價值，但仍不夠精確。

問題：實價登錄後，我的個資及隱私是否會曝光？

答：台灣現階段是以區段間「一～五十號」均價方式呈現，保障買方個資；但反觀各先進國家，儘管詳細列出每戶價格、門牌號碼、屋齡折舊等，個資把關仍是滴水不漏。

問題：實價登錄是否可能造假？

答：造假的機會不大，主要是因為登錄是由代書承作，依一般行情，代書的收費是一～一．五萬元，但如果做假被抓到，最高可罰十五萬元，而且政府也一定會特別留意是否有造假的情形，對代書來講、協助作假的風險太大。

問題：該由賣方還是買方來進行登錄？

答：為避免重覆申報登錄，買賣案件委託地政士申請登記者，由地政士申報登錄。買賣案件委由不動產經紀業（房仲業）居間或代理成交，由不動產經紀業申報登錄。但若買賣案件未有房仲業經手，也無委託地政士代辦過戶，則由買方負責申報，賣方無申報義務。

問題：有哪些買賣必須進行登錄？

答：須申報的移轉物件主要是透過買賣，有產生價金支付的對價關係的物件才需申報「實價」，例如贈與雖有移轉，但無價金支付關係，所以不需申報。此外，如果房地產買賣有就土地及建物分別議定成交價，則須分開申報，若是房地合併交易（即未就土地及建物分別議定成交價），則合併申報一個成交價即可。

問題：租賃案件是否要申報

答：不一定要申報，租賃案件僅限於不動產仲介業受託案件才要申報，且是由仲介業負責，並不一定所有的房屋或土地出租都要申報。

問題：除了房產成交價以外，還需要申報什麼必要資訊？

答：交易標的：登記收件年字號、建物門牌、不動產標示、交易筆棟數。

價格資訊：房地交易總價、土地交易總價、建物交易總價、車位個數、車位總價等。

標的資訊：土地移轉面積、建物移轉面積、使用分區或編定、建物現況格局等。

第6節：莫膨脹實價登錄的效能！

實價登錄的制度實施，振奮了不少小市民，許多人就此以為，「未來買房可以買到真真實實的價格，不會被賺走差價了！」但，實價登錄真的那麼神嗎？只能說，實價登錄的正面效應固然令人期盼，殊不知制度的背後，仍有許多克服不了的盲點……。

由於台灣的實價登錄在設計之初，講求的是對屋主的隱私保護，因此對於個資保護十分嚴謹，於是雖然依規定，每筆有價金交易的房地產資訊都得登錄，但到了資訊公開時，就採取「去識別化」模式，也就是每五十號門牌為一區段，這與國外行情「全都露」的情況大異其趣。

只不過，這項立意良善的貼心設計，就造成了以下幾個問題。首先是登錄和揭露的樣本數不足，由於依政府現行規定，只有實質價金交易的物件才需要上網登錄，因此不但沒過戶的房子不用登錄，諸如贈予、繼承等也不用登錄，如此一來，就算所有人都誠實登錄，大約只占了全台二成左右的屋量，且就算把信義、永慶等房仲業者網站上所公開的成交行情加入，民眾頂多也只能看到五成的資訊量。

■ 1分鐘內明瞭實價登錄的內容

實價登錄的三大特色		
去識別化	登錄日期	檢核
每 50 號門牌為一區段，異常的不公布	一般：所有權狀移轉後30天內，以地政士送件日為基準 預售屋：結案30天內執行	會抽樣 5%檢查，申報不實裁罰 3-15萬元，若是買方自行登錄會有 15 天限期改正的寬限期，但若是代書和經紀人員則直接罰。

資料來源：作者整理

再者，由於實價登錄最後公諸於世的房價，會排除價格過高、過低的個案，於是房價較高的區域，如台北市的大安區、信義區等，或近期房價補漲的市郊區如萬華區、內湖區等，就有可能因短期價格變動較快，物件常創高價，而導致被系統誤判是「偏差個案」被篩選掉。

至於，被市場視為區域行情指標的預售屋，則因為預售屋銷售階段仍為私下買賣行為，在未過戶之前，依法沒有「實價」。現行規定，預售屋在結案三十日內登錄即可，但結案可能是興建完成，也可能是交屋時，若代銷一直等到此時才登入，則早已失去代表性。

■ 實價登錄的揭露率只有5成

縣市	實價登錄所揭露的建物買賣移轉件數	2012年建物買賣移轉件數	資料呈現比率
台北市	919	3317	28%
新竹市	300	944	32%
新竹縣	509	1027	50%
新北市	2668	5336	50%
台中市	1863	3681	51%
基隆市	317	587	54%
桃園縣	1885	3438	55%
高雄市	1673	2757	61%
台南市	859	1315	65%
宜蘭縣	331	459	72%
總計	12780	25470	50%

資料來源：作者整理

■ 萬華、內湖、信義的揭露率為台北市之末

行政區	建物買賣移轉（篩選後）	2012年8月建物買賣移轉件數	資料呈現比率
萬華區	53	540	10%
內湖區	90	418	22%
信義區	58	254	23%
大安區	67	250	27%
中正區	56	186	30%
士林區	50	164	30%
松山區	47	144	33%
大同區	61	181	34%
北投區	103	301	34%
文山區	98	272	36%
南港區	60	164	37%
中山區	176	443	40%
總計	919	3317	28%

資料來源：作者整理

第7節：莫忘懷實價登錄的優點！

然而其實不管實價登錄能揭露出多少筆的房價資訊，但這項制度最起碼已宣誓過去長期暗箱作業的台灣房價，走向了透明化的路線，這使得屋主、房仲、建商和代銷在訂定價格時，會礙於價格查詢容易，而不敢再亂開高價來「愚民」，所以過去許多豪宅或重劃區的預售屋「開價嚇死人，成交笑死人」的狀況應會漸漸消弭。

另外，隨著買賣雙方對價格認知差距縮短，過去得花上數週的時間來議定價格，未來恐能更快速地達成共識，在成交時間縮短下，房地產的交易效率可望提昇。如此一來，也有助於國內房市的體質健全，根據仲量聯行日前公布的不動產透明度指數報告，就發現台灣的透明度在全球的排名就已由原先的三十三名提昇到二十九名。只是，正因為這起應該清楚明瞭的「陽光法案」仍有許多「模糊地帶」，這無疑將使得在「後實價登錄時代」，台灣的房地產仍將產生預期中的質變。

質變一：議價空間，短增長減

實價登錄上路後，最眾所企盼的效應就是「房價會不會跌？」「會不會更好殺價？」我認為，議價空間乃是賣方開價與成交價的差距，成交價是由買賣雙方角力所成，得看當前市場屬於買方或賣方市場，當買方市場時買方決定力量大於賣方，才有辦法議價。

而實價登錄實施後，短暫性地擴大議價空間，從房仲所作的調查即可見一斑。該單位就實價登錄網站上線後前後一個月六都（五都加桃園縣）的交易狀況後發現，去化天數與議價空間都出現微幅增加。我認為這是因為實價網站上路之初，因為網站穩定度與呈現樣本數不足，對交易信心產生影響，去化天數微幅增加二．一天，而議價空間也比實價上路前的一個月多了一．九%。但值得注意的是，雖然六都的議價空間都微幅增長，其中北市議價空間從十六．四%增加至十八．九%，幅度最高，但遠不如外傳議價空間可達三十%以上。

另外，實價登錄後買方態度兩極，積極詢價後精準出價的買方不在少數，卻也有不少僅參照最低價就漫天殺價的族群，雖說賣方態度趨軟，願意調整開價，但未來在制度越來越成熟之後，認知差距將縮小，議價空間將轉增為減，也就是實價登錄將使得議價空間「短增長減」。

其次，相較於實價公開前後，年輕購屋人的意願明顯降低，反而是四十歲以上中年人進場意願提高，這是因為年輕族群接收網路資訊多，在詢價過程中多認為市場價格仍有下修空間，因此採取觀望態度，但四十歲以上購屋客反而認為價格難以修正，不動產仍是避險標的，因此進場態度明確，也讓平均購屋年齡增加不少。

質變二：建商開價，趨於務實

至於過去國內的建商，在訂定預售屋價格時，經常是以完工後的市價訂定，也就是價位開在未來三年後的行情，導致預售屋行情遠遠超出鄰近的新成屋價位，但實價登錄後，由於資訊透明，這讓建商漫天喊價的空間減少，開價較為務實。只是，開價降低，不代表降價，也就是建商的成交底價不變，只是牌價變低，但也相對造成價格越硬，議價空間減少，對於這種「預售屋假跌」的現象，購屋者千萬別誤以為房價真的跌了。

質變三：特殊房型，容易誤判

值得注意的是，由於實價登錄揭露的是平均價格，所以這使得部分偏高或偏低的房型在區域行情中容易被誤判。例如在老公寓環繞的新大樓，價格就會被低估，反之，位於豪宅群中的老房子，就會超額反應行情。另外，在登錄資訊公開的「單價」項目中，因初期車位分拆效果仍不佳，導致平均單價有被壓低的問題，易造成消費者誤判。

值得注意的是，所謂「實價」或「時價」，其實只代表一個結果，並不能全然反應房屋的價值；因為即使在相同路段，但房價還是會因屋齡、屋況、裝潢等有所差異，一般人要完全解讀並不容易。至於，實價登錄二〇一二年十一月十六日第二次揭露，僅反應出九月份的個案訊息，此些個案尚未反應出十月十六日實價揭露後的衝擊。因此實價揭露衝擊效應需等到二〇一三年一月十六日實價揭露的個案，才能略見真章。

實價登錄實施後，房市未來的發展

- 資料完整建立需四～七年。
- 後實價登錄的相關配套法規需耗四年建立，故實價課稅大約要十年後。
- 燙金門牌消失。
- 房價不會有太大的波動。
- 豪宅公寓化、公寓豪宅化，尤其夾在豪宅群中的公寓……或反之
- 代書費蘊釀調漲二千～三千元
- 預售屋假跌，只是回覆市況
- 公告地價預計會調至市價的九成，稅金加重
- 不可能有不二價

實價登錄後，小心會慢慢加稅喔！

稅名	課徵基礎	實價登錄後稅賦增幅
地價稅	公告地價	1～4倍
房屋稅	房屋評定現值	1～3倍
土增稅	公告現值	1～3倍
財產交易所得稅	房屋評定現值	原本5%所得稅率，出售時可能會竄升至40%

資料來源：作者整理

第12章

論貸款，爭取最有利的好房貸

申請房貸，是買房資金籌措的一大重要關鍵，只是，由於銀行要把錢借給你，也要確保自己安全無虞，一但申貸者還不出錢來，得先做個預防措施，把風險降到最低。

正因為如此，銀行在放貸時，必定會對你的身家做個仔細的盤查，這包括房子的價值、申貸者的還款能力，而依照每個人的條件不同，就會核以不同的放款額度和利率。或許你會問：「不是應該越窮的人，才要借他更多的錢，用更低的利率嗎？有錢人，根本不需要貸款來輔助啊？」若以社會正義的角度來看的確如此，但銀行的邏輯卻不是這樣，他們認為，把錢借給還款能力不好的人，風險較大，所以最好不要借太多給這些人，而且利率要設高一點，這樣最起碼銀行能在正常還款期間就多收到一些利息，讓自己多一點保障。所以基於銀行自保的心態，購屋者如何為自己顯現較佳的條件，以爭取較優惠的貸款，就成為重要課題。

但，也有人問，「既然銀行這麼嚕嗦，買房子都不貸款是不是比較好？」我的答案是否定的。以台北來說，房子至少都從千萬開始起跳，即使是在郊區，也很難低於七百萬，要靠薪水累積或是自己的投資來賺到這筆錢，只怕還沒存夠，房價又翻了好幾倍。因此，只要有穩定的工作收入與良好的信用，貸款購屋絕對是務實又積極的做法。銀行的功能原本就是協助社會大眾融通資金，減輕財務壓力；如果只因懼怕承擔債務而放棄向銀行借貸，最終只會苦了自己。

另外，人生有許多不時之需，趁利率低時，可以適度申請房貸，由於房貸比信用貸款、現金卡、信用卡以及保單質借的利息都要低了許多，因此是最有利的融資管道。若能拿房貸金額作為週轉資金，甚至理財創造財富，亦不失為一項聰明的作法。尤其目前台灣仍處於低利時代，是難得的貸款好時機，倘若未來利率一直攀升，就像一九九〇年代利率動輒八%以上，融資的風險就會大幅提高了。此外，甚至借由房貸，亦可跟銀行培養出債信，也方便未來其他融資之用。因此，適度而理性的房貸，反而能有效地降低人生風險。

不過，目前的房貸利率平均大約在二%左右之間，雖然仍屬低利率，但房貸負擔最好還是不要超過個人或家庭支出的三分之一，才能在享受低利之餘，不會對個人或家庭財務造成過於沈重的負擔。

第1節：影響房貸的經濟情勢

在你要申請貸款前，最好對於影響房貸的相關規定有個初淺了解。首先就是要明瞭利率的動向，而這得要清楚央行的重貼現率和定存利率，畢竟，這些都會牽動你的房貸利率。

正如同銀行的功能是提供大眾資金，央行的功能則是提供銀行資金，所以又被稱為「銀行中的銀行」，因此央行調整的重貼現率，就好比是銀行向央行取得資金的成本，與一般人向銀行貸款的利率並不相同，但重貼現率卻是會影響到銀行放款給一般老百姓的利率。

對銀行來說，決定房貸利率的因素有主要三項：一、資金成本，包括央行的重貼現率以及向銀行同業拆借的利率；二、營運成本，主要是銀行在人事、行銷、一般行政工作上的支出；三、違約風險，根據貸款人的風險狀況來計算加碼的利率，也會受到大環境如失業率、經濟成長幅度的影響。

因此，即使央行的重貼現率一再調降，雖然照理說，銀行的成本變低，銀行的房貸利率也應該要反應成本而降息，但一般而言，卻不一定會立刻隨之調整，尤其當經濟環境不佳，失業率節節高升時，房貸利率反而有調升的可能。所以想降息，除了被動等著銀行降息外，亦可以在央行降息時，就立刻主動向銀行申請。

另外，目前一般購屋者申請到的貸款多是「指數型房貸」，這是指隨著基準利率加碼的房貸，多以定儲利率指數加上固定加碼利率計息；定儲利率指數是以台灣銀行、華南銀行、第一銀行、合作金庫等，前六或前十大銀行業者的「定期儲蓄存款固定利率」平均值，或是中華郵政公司的二年期定儲利率，做為指標利率的基準，優點是利率可隨市場波動調整。

而原本最早期的房貸是固定利率型房貸，貸款人就依照與銀行約定的利率還款，是幾趴就一直是幾趴，後來有鑑於市場利率變化日趨劇烈，才發展出指數型房貸，也就是每個月的還款利率會跟著市場利率波動。

另一方面，考量到借款人的財務狀況，銀行可以允許先付較低的利率，之後再慢慢拉高，或是前幾年先還利息，之後再把本金計入，讓借款人不必一下子承擔過重的壓力。但這樣的配套措施不見得適合每個人，還是要在簽訂貸款契約前就跟銀行通盤協商過，找出最適合自己的方案。另外，和銀行談利率時，應請銀行當場試算列表每月還款金額，以免造成誤解。

第2節：左右貸款額度的關鍵

通常銀行審核貸款的第一優先條件，就是看擔保品價值，而其中最關鍵的就是Location！座落好地段的房屋，像台北市大安區、信義區……等，就相當獲得一張產品保證書，自然銀行放款意願就高。

而**除了擔保品本身對房貸條件會造成影響外，消費者本身的條件也很重要**，像是工作是否穩定、個人信用狀況如何等等。因此，**軍公教人員、醫師、律師、會計師，以及中華徵信所排名前一五〇〇大公司的員工，具固定收入且為購屋自住的客戶，都是銀行歡迎的對象**。相對而言，打工一族、臨時工、SOHO族等，因收入較不穩定，銀行核貸會較為謹慎，因此申貸者得提供具體的財力證明，如勞保卡、扣繳憑單、鉛印薪資單、報稅證明、定存單、經常往來的存摺等，若有租金收入者，也可提供經法院公證的租賃契約，甚至，若能提供擔保人、擔保品，也會讓房貸更容易申請。

與其他職業相比，公務員的薪水和工作都較穩定，是銀行眼中的好客戶，因此應由公務員出面申貸，可望爭取低利、高額度的好條件。此外，公務人員住宅及福利委員會（簡稱住福會）也提供有「築巢優利貸」優惠貸款專案，比一般房貸利率優惠許多，公務員可多加利用。

另外，如果你的公司發放薪水是固定由某銀行帳戶處理，也就是公司的薪轉資金與該銀行合作，通常這家銀行基於客戶關係，又因能清清楚楚地掌握公司員工的收入狀況，所以旗下員工都會被銀行視為優質對象，可以有比較好的核貸條件。

而個人信用評分，是影響房貸利率的重要關鍵。銀行在進行信評時，莫過於五個P：即，People（貸款人或企業的現況）、Purpose（資金用途）、Payment（還款來源）、Protection（債權確保）、Perspective（借款人還款能力未來性），因此想增加談判籌碼，就得讓自己信用紀錄歷史又長、又好。

銀行眼中的A級客戶

1. 律師、醫師、建築師、會計師、教師、公務員、軍人、中華徵信所一五〇〇大企業員工，上市櫃公司員工、區域醫院、醫學中心等機構職員。
2. 高資產客戶：存入存款或購買基金達到一定金額，或與銀行平均往來資產，達到一定程度的客戶。

3.優質卡友：各銀行頂級卡客戶。

銀行眼中的A級物件

1.都會區精華區主要幹道旁的房子，尤以台北市、新北市為佳。

2.近捷運、明星學區、大型公園或百貨商圈等區段。

3.屋齡低於三十年，權狀坪數在十五坪以上。

影響個人信用評等的幾個情況

1.卡債、信用貸款拖欠、遲繳，或有被退補支票等紀錄者。

2.負債比過高，個人或家庭收入不足以每月償還貸款者。

3.查詢銀行過多，向聯徵中心查詢個人信用狀況的銀行過多。

4.其他：工作不穩定、信用卡過多，且皆在使用循環利息者。

第3節：順利籌到資金的良方

有趣的是，銀行是有大小眼的，所以即便是買同樣一間房，在同一個時期申貸，你是何許人也，就會影響到銀行要給你什麼優惠條件。根據調查，多數人無法擁有「好房貸」，通常除了擔保品本身價值不夠好以外，最主要是與銀行往來時不足、未能提供符合需要的相關資料等因素所影響。因此，與銀行打好關係，是貸款時的一項重要投資。

方法一：選定主力銀行，培養信用評等

所以如果貸款前，可以提前經營，選擇二至三家適合自己的銀行往來，比如將存款集中在一個主力銀行，向銀行申購國內外基金或申辦信用卡，甚至將薪轉銀行視為主力銀行，都能輕鬆和銀行打好關係喔！

另外，任何人想順利跟銀行借錢買房子，銀行都會調查你的「身價」，基本上，身價越高的人，向銀行貸款的成數也會越高，借錢的利息也越低。大致來說，**資產是負債的二倍以上的，被歸類在A級客戶，資產是負債一．七倍的是B級客戶，而一．三倍以下的，則是C級**，以房貸利率來說，A級最低，C級最高。貸款成數則相反。

申請房貸就跟去應徵口試一樣，第一要展示自己，第二要問銀行最近有沒有什新產品和新服務適合自己。但一般人普遍都只停留在詢問利率、可以貸多少等非常基礎的層面，平時也不注重和銀行的往來互動，自然談不到好條件。個人的負債狀況可以透過「聯合徵信中心」查詢，於是想申辦貸款前，不妨先花一百元，調一下自己的信用紀錄，確認一下自己的

評分。不過收入卻要自己提供，所以想要爭取到比較好的貸款條件，就必需提供其他的財產資料，來證明自己的償債能力，最有效的不外乎定存、股票、躉繳保單、單筆基金等等。

另外，由於有品牌的要房仲業者都有提供履約保證，且交易金額、流程都很透明，因此，經由大型房仲業成交的貸款，也能享有不錯的條件。一般而言，前半年可多爭取到一．五％的優惠，核貸成數也可多出五％的空間，因此，有計劃購屋的人，可以先找銀行討論，請他們助規劃財務。

方法二：多看多比較，還原真利率

「沒有最好的房貸，只有最適合的房貸！」由於目前各家銀會因本身資金成本而有不同的貸款條件外，因此即使同一家銀行的不同分行，也有差異。而且每種房貸方案各有優劣，沒有哪一種最好借，而是看個人條件、需求不同，多看、多比較才能找到適合自己的「絕世好貸」。

另外，申請房貸時，不要只考慮利率，還必需兼顧家庭財務規劃，同時估計目前住屋需求年期。若在三年內考慮售屋或換屋者，可以善用（還款優惠）限期？降低還款壓力，並透過提高自備款的比例，爭取優惠的利率。但若有五至十年以上的長期住屋需求，則可選擇一段式房貸，避免房貸支出隨著利率調升而增加。

同時，對於利率如何計算一定要問清楚，唯有透過精算，實際估算出每個月平均負擔金額，才能還原出實質利率；同時也必需確認是否有收取帳務管理費、提前還款違約金等。

方法三：亡羊補牢，向銀行要求降息

如果發現自己的房貸利率太高，房貸戶可以先跟往來銀行議價，因為已經有多年累積的信用基礎，銀行也不希望失去優質客戶，通常會答應降利率。而談判過程中，正常繳款紀錄、競爭銀行利率、目前市場利率等對照資料都是好籌碼，萬一銀行還是不肯讓步，就可考慮是否轉貸。

另外，也可以搭配房貸壽險來爭取好房貸，這個目的是避免貸款人發生意外狀況，導致無法繳納貸款，讓銀行的債權曝露在風險中，所以若能搭配房貸壽險，可成功將風險轉予保險公司。為此，一般而言，銀行通常都願意多給予〇．一%至〇．二%的利率減碼來回饋。

方法四：找對富爸爸，爭取好條件

雖然說，一旦房子價值夠，就不需要保證人，但對於月薪不高的上班族，想要順利貸款買房子，可以找一個強而有力的保人做依靠，如信用紀錄良好的現任公職人員、大型企業員工等，一樣可以與銀行談到最佳的房貸條件。

而除了保人外，若名下還有其他不動產，也可以提出來做抵押增加貸款額度，甚至可以用無擔保的信用貸款替代以提升貸款成數。

方法五：借殼過關，過戶親人貸更多

值得注意的是，隨著央行祭出信用管制，開始針對擁有多間房子的投資客限縮貸款成數，對此，一般投資客都會採用將房屋改登記在子女名下的作法。不過，這種作法比較適合在二千二百萬以下的物件，父母可善用每年依稅法可贈與小孩四百四十萬元的免稅額來當頭期款，再向銀行爭取八成貸款成數，一方面可以免除贈與稅的問題，也能避掉銀行針對多屋族緊縮房貸的限制。不過，前提是子女必需要有工作能力、能夠負擔後續貸款，否則小心仍會被國稅局視為贈與行為。

此外，若另一半有工作能力，而他個人的負債比也不超過六〇％，也可以考慮將房屋登記在另一半名下。一般來說，過去只要先生向銀行貸款，太太通常會被要求擔任連帶保證人，反之亦然。不過，現在銀行法規定，辦理房貸時，只要足額擔保（抵押的房地產價值高於或等於貸款金額），即不需要再增加連帶保證人。因此，可優先將房屋登記在配偶名下，藉此迴避銀行對多屋族的限制。

不過，若多間房子都有自住的打算的話，其實也可以向銀行舉證新屋是要自住或提供子女居住使用，而非投資，這樣一來通常可以多爭取到〇．五成至一成貸款成數或較優惠的利率。

而假設，在買第三間房屋時，自備款不足，又無法讓銀行放寬貸款成數，建議不妨將房貸集中在前兩間房屋，也就是拿前兩間房做增貸來籌措第三屋的自備款。

■ 爭取好房貸的五大方法

方法	原則
選定主力銀行 培養信用評等	選擇 2-3 家適合自己的銀行往來，比如將存款集中在一個主力銀行，向銀行申購國內外基金或申辦信用卡，甚至將薪轉銀行視為主力銀行。
多看多比較 還原真利率	3 年內考慮售屋或換屋者，可以善用（優惠還款）限期降低還款壓力，並透過提高自備款的比例，爭取優惠的利率。但若有長期住屋需求，則宜選擇一段式房貸，避免房貸支出隨著利率調升而增加。
亡羊補牢 向銀行要求降息	如果房貸利率太高，可先跟往來銀行議價，談判過程中，正常繳款紀錄、競爭銀行利率、目前市場利率等對照資料都是好籌碼。
找對富爸爸 爭取好條件	可找一個強而有力的保人作依靠，如信用紀錄良好的現任公職人員、大型企業員工等，可以談到最佳的房貸條件。若名下還有其他不動產，也可以提出作抵押來增加貸款額度，甚至可以用無擔保的信用貸款替代以提升貸款成數。
借殼過關 過戶親人貸更多	一般投資客都會採用將房屋改登記在子女名下的方式。不過，這種作法比較適合在 2200 萬以下的物件，父母可善用每年依稅法可贈與小孩 440 萬元的免稅額來當頭期款，再向銀行爭取 8 成貸款成數，這樣一方面可以免除贈與稅的問題，也能避掉銀行針對多屋族緊縮房貸的限制。

資料來源：作者整理

■ 因人制宜，量身訂作你的房貸解決方案：

回答下列問題，抄下你的答案，看下頁解答找出你的房貸解決方案：

問題1：買房了沒？　□1.買　□2.沒買（4、5題免答）
問題2：購屋的目的？　□A.自住　□B.投資
問題3：購屋人收入缺口及未來工作穩定度？：
　□I失業、無薪休假或收入（含津貼減少）且隨時工作不保　□II原則上正常
問題4：你的貸款金額占收入比例：　□甲.逾收入1/2　□乙.1/2以下
問題5：你的房子地段及增值潛力（比剛買時）：　□a.增值區或抗跌區　□b.跌價區

資料來源：作者整理

你的答案：

■ 依據答案找出解決之道

答：1 A Ⅰ 甲 a、1 A Ⅰ 乙 a、1 B Ⅰ 乙 a
你已經面臨房貸壓力，所幸房子保值，而且自住，若預備資金足夠，建議先保住房子，可以分租或將房子出租，自己先搬回與家人合住以開源，另趕快跟銀行協商寬貸期、延長還款期限以暫渡難關
答：1 B Ⅰ 甲 a
趁房子增值時趕快賣出，別和自己過不去
答：1 A Ⅱ 甲 a、1 B Ⅱ 甲 a、1 A Ⅱ 甲 b、1 A Ⅰ 乙 b
雖然目前 II 你能暫時撐過難關，但人生無常，另趕快跟銀行協商寬貸期、延長還款期限以降低壓力

答：1AⅠ甲b
如果房子的市價足夠償還貸款，勸你壯士斷腕趕快出售，別把漏洞越搞越大，但先趕快分租或將房子出租，自己先搬回與家人合住以開源，另趕快跟銀行協商寬貸期、延長還款期限以暫渡難關
答：1BⅠ甲b、1BⅠ乙b、ⅠBⅡ甲b
你的狀況糟透了！趕快看親友是不是願意承接，就算賠本也要選擇少賠為贏售出
答：1AⅡ乙a、1BⅡ乙a
你是道道地地房子的主人，可好好享受房子帶來的好處
答：1AⅡ乙b
你的問題不大，只是房子跌價，要小心未來變現不易
答：1BⅡ乙b
乾脆認賠賣出，要不然虧損會越來越大
答：2AⅠ
先租房或回家跟家人同住，等工作穩定了再說
答：2AⅡ
評估是不是真的租不如買，若要買也要慎選保值區，並控管好自己的房貸所得比
答：2BⅠ
既然收入不穩，就千萬別想投資，以免玩火自焚
答：2BⅡ
可以考慮逢低介入，但要控管好自己的房貸所得比，並要選擇增值區

資料來源：作者整理

第4節：利率調整的箇中奧妙

除了利率的趴數以外，利率的調整頻率，和貸款的還款方式及年限，也都是申貸者可以依自己的財務狀況，彈性調整、甚至解套的好方法。

首先是利率調整的頻次。房貸的利率是浮動的，但調整的頻次一般都會設定為每季調整一次，但如果申貸人有特別和銀行約定，可以設定為每月調整。在幾年前，由於央行不斷地調降利率，所以許多貸款人為了提早享受到降息的利多，而改為月調制。

但其實當央行調降利率時，不管是季調或月調，銀行的房貸利率也會跟著調降，只是最多有兩個月的時間差，以當前每次的降息幅度來看，產生的差異其實並不多；此外，現在利率已經來到歷史低點，意味著未來繼續走低的可能性已漸漸降低，如果改成月調，日後反而得提早承擔升息後，利息費用增加的損失。

因此我建議，若還款年限還有十年以上，應維持季調，若剩不到五年，就可考慮採月調。值得注意，從二〇〇九年三月開始，每調整一次房貸利率計算基準，銀行都會向房貸戶收取二〇〇元左右的手續費。

另外，活用寬限期，在約定期間內先還息不還本，亦是很多人會用來降低還款壓力的方法，尤其是剛出社會的首購族，由於收入較低，因此會和銀行約定，前幾年只要繳利息，等到寬限期一過，一般來說，隨著薪水提昇，還款能力也會較佳，屆時在本利一起攤還。只不過，寬限期並不意謂你能少繳一些錢，而是將你原本在寬限期內該繳的錢，集中在後段分期攤還，也就是寬限期一過，每月還款金額會較高，所以辦理時，得要精算清楚。

在此我建議，**貸款人最好是在寬限期期間就當成也是本利攤還，只是將原本要還的本金默默地存放在私人戶頭，一來可以拿來應急，另外，等寬限期一過，可以一次大額還款。**

值得注意的是，很多人以為過了寬限期後，利率上漲是正常的，卻不知只要繳息正常，善用自己繳息紀錄、職業或是集中帳戶等優勢，還是可以跟銀行談判，減少利率的加碼幅度。

而在設定還款期限方面。事實上，相同的貸款金額，還款期展延，的確能減輕壓力，但同時也拉長了負債期，若以利率二%、每百萬每月本息攤還的付款金額，三十年期比二十年的節省了一千三百六十三元，但三十年總還款支出則多出了十一萬六千四百元；尤其年歲漸增後，到了屆退之際還得背房貸，財務壓力反而沈重。

不過理債永遠比理財重要，因此，除非是有短期資金缺口或收入縮水，才需考慮和銀行爭取展延。日前，銀行公會在已確立房貸展延至三十年相關規範上，原則上以自住型房貸為主，但部分銀行得視個案彈性放寬受理非自住型的投資客，而以往僅限一家一戶，現也放寬處理。其次，房貸戶三十年後還完款時年齡需低於七十五歲，不過也有銀行得容許超過。

值得注意的是，這項方案也有身分限制，申請人必需過去繳息正常，而曾參與債務協商或已申請非自願失業勞工房貸寬限期者，不得重複申請，此外，並非全數銀行都有三十年方案，申請時需注意。

■ 不同利率下，20年及30年房貸還款期限超級比一比

房貸利率	每百萬房貸每月本息攤還金額（元）			
	20年期房貸	30年期房貸	每月支出差（30期比20年節省）	總貸款支出（30期比20年多支出）
3.50%	5800	4490	1310	22萬4400
3.25%	5672	4352	1320	20萬5440
3.00%	5546	4216	1330	18萬6720
2.75%	5422	4082	1340	16萬8240
2.50%	5299	3951	1348	15萬0600
2.25%	5178	3822	1356	13萬3200
2.00%	5059	3696	1363	11萬6400

資料來源：作者整理

■ 採用寬限期，短多長空

500 萬房貸，利率 2.5%，20 年期，不同寬限期超級比一比

單位：元

貸款方案	寬限期內（繳息不繳本）	寬限期後（本利攤還）	總貸款支出
正常還款	2 萬 5495	2 萬 5495	635 萬 6952
寬限 1 年	1 萬 0417	2 萬 7572	641 萬 1380
寬限 2 年	1 萬 0417	2 萬 8770	646 萬 4317
寬限 3 年	1 萬 0417	3 萬 0112	651 萬 7764
寬限 4 年	1 萬 0417	3 萬 1624	657 萬 1721

資料來源：作者整理

■ 按月或按季調息？該選哪一個

利率月調和季調比較

項目	優點	缺點	適用對象
月調	長期降息時，可機動調降，負擔減輕	利率轉降為升，利息支出將變高	適合還款期限在 10 年甚至 5 年以下者
季調	持續升息，支出遞延，利率也較穩	降息時，房貸戶無法立即享受降息優惠	適合還款期限超過 10 年者

資料來源：作者整理

第5節：房貸搬家的利弊得失

除了上述幾項簡單的房貸遊戲規則外，目前銀行端為了因應購屋者的不同需求，紛紛設計出不同類型的房貸，可供撰擇。以現階段來說，銀行推出的指數型房貸，又可分為一般房貸及利率遞減型房貸。其中，一般房貸部分又有兩種，分別是分段式及一段式利率。房貸族可針對不同貸款期限、計畫，選擇對自己最有利的房貸商品。

舉例來說，分段式指數型房貸是指在貸款期間內，利率採取前低後高的定價方式。隨著貸款時間增加，利率就像階梯一樣，步步高升。**而不分段的指數型房貸，則是在貸款期間內，以同一利率的方式定價。一般來說，像這樣「一口價」的房貸商品，適合長期性貸款需求的客戶。**

除了分段式及一段式外，指數型房貸還有「利率遞減型」。這種房貸商品顧名思義，就是房貸價格愈來愈便宜。遞減型房貸前幾年的利率定價方式，主要跟分段式相同。只要房貸族前二十四個月繳款紀錄正常，銀行就會主動提供房貸利率遞減優惠，但其「實羊毛出在羊身上」，銀行這樣做的目的，也是希望鼓勵客戶正常繳費。

房貸商品種類繁多，指數型房貸雖是目前主流，但銀行業者不斷推陳出新、強化房貸相關商品，也提供有需求的民眾更多元的選擇。其中，抵利型、理財型及保單型房貸商品，就是針對不同族群特性設計，以讓房貸族資金運用更具彈性。

以抵利型房貸為例，主要特色是讓借款人資金周轉更靈活，特別針對高資產人士所推出的加值商品。簡單講，抵利型房貸適用於銀行戶頭已有一大筆資金者，這項商品優勢，在方便資金調度，借款人只要用存款金額抵掉貸款金額後，再負擔剩下額度的貸款利息即可。

比方說，借款人向銀行貸款一千萬元，而借款人帳戶上已有八百萬元，利息部分，就只要針對貸款多出來的兩百萬元繳付即可。由於存款金額可抵減貸款額度，借款人等於賺到利息。這對中小企業老闆或生意人來說，也可創造一定的資金流通效益。

而理財型房貸主要特色，在將借款人還款額度釋放出來，變成可再借貸的額度，有利於經常從事理財投資活動或中高階收入人士。例如，老王貸款六百萬元買房子、頭期款只要一百萬元，但老王平常因為有儲蓄習慣，戶頭已有二百萬元存款。如果把錢全部繳付，房貸本金可立即降低、利息支出也能減少，而且銀行還能馬上提供一百萬元的資金額度，供老王借貸。如果不動用，就不計息。也就是採用理財型房貸，借款人本金還的愈多，可動用的資金額度也愈高。不但可節省利息支出，也方便資金運用。

至於保單型房貸，也就是所謂的房貸壽險，主要是針對借款人是家庭經濟唯一來源，且從事的工作屬於高風險行業，所發展出來的房貸商品。亦即借款人因意外身故或失能時，保單型房貸能償還借貸金額，使房子不會因此被銀行查封。例如，老王因發生意外而全殘，家屬就能利用理賠金，繳交未清償房貸的部分。

在此提醒，銀行的房貸商品種類非常多，選擇時，一定要先衡量自身的條件及需求，並清楚地讓銀行人員了解。舉例來說，房貸族每個月打算用多少收入來支付貸款本息？這筆貸款是要短期還是長期使用？都是決定個人最合適的貸款年限及還款方式的要素，**而不是只看利率或貸款成數高低來決定一切。**例如，屬於長期性貸款需求的人，可選擇採用「一段式」或「利率遞減型」的指數型房貸商品，並視情況搭配政策性優惠貸款，以降低利息負擔。

如有短期性貸款需求者，則可選擇前低後高的指數型房貸或理財型房貸，以減少利息負擔，並增加資金運用的靈活度；另外，借款人如果是家中主要經濟來源，就可選擇搭配保單型房屋貸款，以增加自身保障。

值得注意的是，由於房貸的業務競爭激烈，應該有不少人都有被銀行主動上門來邀約轉貸的經驗吧！其實轉貸，除了一般都能爭取到更好的利率外，由於合約重新訂定，就像重新買了房子貸款，還款期限也得重頭算起，這等於延長了還款期限，又因為房子會重新鑑價，一但房子增值了，也代表著銀行能貸予更高的額度，相當於變相的增貸，因此許多人會運用轉貸，來得到好處。

但一直讓自己的房貸在不同銀行之間「旅行」，享受各家業者提供的寬限期，看似聰明，也的確能減輕一些財務壓力，但長遠來看，卻未必是聰明的做法。

首先，**與舊銀行解約再找到新的貸款銀行並順利簽約的過程，得花上一筆不少的時間與金錢成本**，如違約金通常在〇至一％，而地政單位的塗銷和代書書費則約二千元，設定規費約貸款金額的〇．一二％，登記的代書手續費則為四〇〇〇元，還得外加支付給新申貸銀行手續費、鑑價費，以及加保火險、地震險等，林林總總約莫要一萬五千元以上，這是許多人讓房貸搬家時常常忽略的支出。

此外，搬房貸其實是「借新債，還舊債」，但房屋的價值起伏不定，若房子無法向新銀行借到足夠的金額，反而讓自己的債務平白多出一大塊缺口，得不償失；最後，即使每次都能順利轉貸，也會在各家銀行留下記錄，日後再跟這些銀行往來時，就不見得會那麼順利了。

缺點	適用對象	現況
額度有限，每戶限 200 萬	年滿 20 歲且 40 歲以下國民，可與政策性房貸重覆使用	每年度規則不同，此為 2012 年度的方案
無法隨利率走低減少利息支出	理財性格保守，不習慣變動，想長期持有房屋者	目前銀行承作方案採前3年利率固定，後面則全採指數型（一段式）
利率浮動相對大	不想被銀行占便宜，也懶得和銀行議利率的人	央行規定最低利率不得低於 1.84%
1. 低利期間需綁約，提前清償需付違約金 2. 優惠期結束後，加碼幅度增加	1. 手頭較緊的首購族。 2. 短期有大筆金額可提前還款的換屋族。	1. 由於利率低，目前多數人會選擇此方案 2. 前 2 年若繳息正常，第 3 年利率可再議價
前2年的利率比一般房貸高	1. 想長期持有的還款者 2. 收入固定的年輕人	預期未來利率會調高，才會選擇此方案，目前很少人選用
不計息戶中的存款金額要累積超過 5000 元以上，才有抵利效果	1. 希望手頭有現金可以周轉者，如以現金交易的自營商 2. 保守的理者，如存款都放在定存的人	通常只有外商銀行才承作，現今存款及放款利率都很低，所以多數購屋者不會選

資料來源：作者整理

■ 哪種房貸商品適合我？

類型	特色	優點
政府優惠房貸	利率最優惠，針對青年和低收入戶	前 2 年 0 利率，利率極低
固定利率型	利率在前幾年固定不變	每月還固定金額，容易規劃管理
指數型（一段式）	利率＝定儲利率指數＋固定加碼利率；定儲利率指數是以前 6～10 大銀行業者的「定期儲蓄存款固定利率」平均值，或是中華郵政公司的 2年期定儲利率。	貸款利率資訊透明化，隨著市場利率而調整
指數型（分段式）	利率計算採「前低後高」階段式加碼，一般為前 2 年較低，第 3 年回到一段式	前 2 年利率較優惠，資金可充分運用
遞減型	利率計算採取「前高後低」階段式減碼	前 2 年利率較高，第 3 年開始利息降低
抵利型	利息以貸款餘額-存款餘額為基準，採日息計	存款金額越多，抵利效果越好，加速本金清償

第13章 論稅賦，掌握最無形的潛在成本

很多人傻傻買了房子，付了頭期款，辦好了手續，申請了貸款，以為除了房貸以外，該付的錢大概都已經付完了。但偏偏都忽略了，買房之後的稅金是一筆為數不小的支出。尤其在都會區買新屋，每年光是地價稅和房屋稅，以及賣房後的增值稅，動輒都要上萬元，你更應該要仔細查驗。

而對於這個無形的潛在成本，注意的重點應鎖定在課徵的日期、課徵的基準和算法，最重要是從中學得避稅或節稅的方法。尤其在政府打房之際，課稅會是一個避免不了的手段，就拿二〇一〇年實施的奢侈稅來說，就讓房市冷卻不少，而近來實施的實價登錄，令人關注的則是，未來會不會再佐以實施實價課稅？假使政府抑制房價的政策方向沒變，未來恐必會有更多稅等著出籠，你不得不注意！

第1節：先搞懂買房萬萬稅之本——公告現值

一般來說，稅可分為稅基和稅率，前者指的是課稅時所依據標準值，如房屋和土地的價值，至於稅率則是要課徵的%數。而在房地產來說，稅基多半是根據公告現值而來的。因此，公告現值可謂為房地產中的萬稅之本。

所謂的公告現值，是指直轄市及縣（市）政府對於轄區內土地的不同區段、地目、地價作等級分別，而經常性地調查地價及市價動態。一般來說，為每年都會調查一次而編製土地現值表，然後再經過地價評議委員會評定後進行分區公告。

公告現值除了可以作為目前房價的參考外，對老百姓影響最大的即是可作為土地權利變更登記時，申報土地移轉現值的參考，也是主管機關審核土地移轉現值及補償徵收土地地價的依據。簡單來說，影響小市民最大的就是會被課多少稅？

一般來說，目前各地政機關對於公告現值的調整原則，主要是視區段、地形、位置、交通運輸、公共設施、自然條件等狀況為依據；而調整幅度較大的主要像是臨大馬路地區、新興住宅社區、重劃區以及明顯發展地區等。另外，很多山坡地大型社區的建物，特別是透天別墅，其土地持分面積比例大，公告現值的調漲也會加重這類型建物的土增稅，所以，擁有這類不動產的賣方更需注意調漲的情形。

由於公告現值也是徵收補償的主要依據，因此，在該年度有預定徵收的地區，為使徵收作業順利，也會將該區之公告現值大幅提高。而假使你的房子有因為公共建設而要被徵收，更不可忽略公告現值的變化。

至於，買賣房子要繳納哪些稅費呢？一般來說，大概可以分為契稅、印花稅、地政規費、財產交易所得稅、房屋稅、地價稅，其中前五項是屬於一次性費用，也就是在買賣時才會碰到的稅費（買賣時也會有代書費的產生），至於房屋稅和地價稅則是房屋擁有者，每年正常要繳的稅。

值得注意的是，每一項稅賦有不同的繳稅義務人，也各有繳納的時間和減免的辦法，我將在後續的篇章裏詳細介紹。

有錢人，要小心了！檢驗四大房地產排富政策

政策	奢侈稅	豪宅稅	調高售屋所得金額比率標準	針對每坪150萬元以上的豪宅拒絕放貸
用意	1. 杜絕短期投機炒作 2. 抑制房價	1. 提高豪宅持有成本、杜絕短期投機炒作 2. 達成稅賦公平	房產獲益充分反映稅收，並利用分區賦稅標準不同，以因地制宜、達稅賦公平	避免豪宅炒作，帶動一般住宅房價
預期效果	減少投資需求，平穩房價 預估一年可徵150億稅額	促使豪宅客退場，並增加稅收，其中北市每年預期可課徵1萬410戶，稅收5億	增加政府財源，提高交易成本，進而扼止投機行為	提高豪宅投資門檻
實際狀況	1. 市場交易減少2成 2. 房價未跌但漲幅收斂。 3. 短期投機退場 4. 2011年實徵奢侈稅20.9億，不動產占13.3億，但由於成交量萎縮，促使土增稅減少	1. 預期實徵2900戶，稅收2.8億 2. 豪宅市場不受影響，投資客仍積極進場，價格持續攀升	北市多數售屋者增加稅額不超過2萬，並不影響房市	尚未明顯反應，後勢有待觀察，但預期高資產客戶仍能與平日往來銀行取得較高貸款成數

資料來源：作者整理

課稅時機	課徵對象	主管機關	備註
核定稅額通知書送達後 30 日內	買方	稅捐處	出售土地時免徵
公契成立向稅捐機關申報契稅與增值稅時	買方	稅捐處	不管之後是否有送過戶都要課徵
地政機關辦理過戶時	買方	地政機關	書狀費每張 80 元（土地所有權狀、建物所有權狀）
地政機關辦理設定時	買方		書狀費每張 80 元（他項權利證明書）
出售房地產隔年 5 月，賣方於次年申報所得稅時，一併申報財產交易所得	賣方	國稅局	若房地產賠價出售得以免徵
租賃不動產時，每年 5 月，房東於次年申報所得稅時，一併申報	房東	國稅局	若房客無申報扣抵時，房東通常不會報
出售房地產時，申報增值稅稅單核發後	賣方	稅捐處	稅率依持有年限而異
買賣過戶時	買方	代書	實價登錄後恐會上漲
買賣過戶需貸款時	買方	代書	
持有不動產時，每年 5 月 1 日至 5 月 31 日	屋主	稅捐處	一般採使用者付費原則
持有不動產，每年 11 月 1 日至 11 月 30 日	所有權人	稅捐處	一般採使用者付費原則
於贈與行為發生後 30 日內申報	贈與人	國稅局	220 萬元以下免徵
於繼承事實發生日起六個月內申報	繼承人	國稅局	1200 萬元以下免徵

資料來源：作者整理

■ 十一大稅費一次弄清楚

稅費	課徵內容	繳稅計算
契稅	按契據金額課徵	契價×6%
印花稅	按契據金額課徵	建物契價×0.1%土地公告現值×0.1%
地政規費	買賣規費	土地之申報地價×持份×面積×0.1%建物評定現值×0.1%
	貸款設定規費	貸款金額×1.2×0.1%
財產交易所得稅	出售房地產時利潤所得	出售利潤計入所得稅額度×課徵稅率
租賃所得	出租房地產時利潤所得	出租利潤計入所得稅額度×課徵稅率
增值稅	房屋買進與賣出時的公告現值價差	公告現值價差×課徵稅率（自用住宅為 10%，一般則為 20%～40%）
代書費	過戶費用	一筆一棟 11000 元，每增加一筆地號、建號加收 1000 元
	抵押權設定費用	每件 4000 元
房屋稅	未依土地法徵收土地改良物之地區	住家：房屋現值×1.2% 營業：房屋現值×3% 非住家非營業：房屋現值×2%
地價稅	已規定地價之土地（課徵田賦者除外）	自用住宅、國宅、勞工住宅用地：申報公告地價總額×0.2% 私有一般用地：按申報公告地價總額累進計算，約為 1%～5.5% 工業用地等：申報公告地價總額×1%
贈與稅	房地產公告現值	房地產公告現值×10%
遺產稅	房地產公告現值	房地產公告現值×10%

第2節：看一看每年必繳的稅—房屋稅

所謂「房屋稅」，指的是舉凡地面房屋或是能增加房屋使用價值的建築改良物（如停車場、頂樓加蓋），都要固定課徵的財產稅。而房屋稅的納稅義務人，通常是房屋所有人，也就是房地產登記的所有權人，或者是雖然沒辦登記但實際擁有房屋的所有人。不過若是碰到房屋為共同持有的，則推舉一人來繳納。而假設房子設有典權（在雙方約定下，法律許可後，擁有他人房地產的使用或收益的權利），那麼典權人（擁有使用他人房地產權利的人）就應繳納房屋稅。

但值得注意的是，**如果房子是共同持有，卻沒有推舉代表人繳納時，就要由現住或使用的人代繳，而代繳後，扣除到自己應該負擔部分外，是可以向其他所有權人要求還錢的。**另外如果碰到所有權人、典權人住址不明或是並沒住在屋子內，這時就應該由現住或管理人繳納。而若是出租房屋，應由承租人代繳，並抵扣房租。至於，房屋稅稅率則以房屋稅依「房屋現值」及「使用情形」分別課稅。其中自用房屋稅率最低，只有一．二％；非住家、非營業房屋，如醫療診所、停車場與補習班等，稅率是二％，至於營業用房屋的稅率最高，一般是三％。而停車位的課徵方式也因使用或產權持有不同，稅率可以從免稅到按非住家、非營業的二％稅率課稅等，有不同的待遇。

要特別注意的是，住宅或商業用大樓住戶，屬於自行購買有獨立產權的停車位，以及國民住宅配發免費供住戶使用的停車位等，只要擁有停車位使用權或所有權者，自行使用且不對外出租時，停車位就不必繳納房屋稅。

另外，各類建築物地下室，如果只是利用原有空間設置機器房、抽水機、停放車輛等使用而分配給住戶的停車位未收取費用、未出租，或由所有權人按月分擔水電、清潔、維護費而非營業者，也免徵房屋稅。但如果有按車收費或出租的，應按非住家非營業用稅率二%課徵房屋稅。至於，地下室的使用執照是停車場，但卻空置著，沒有停車，則應按非住家、非營業用稅率計課房屋稅。

值得一提的是，如果房屋使用執照有載明就是要作為停車場或防空避難室的，在未經核准而變更使用的，住家用按現值的二%課徵；非住家非營業用則按現值的二．五%；非住家營業用的按現值五%徵。

簡單來說，只要是自有、自用的停車位就不必擔心每年要再負擔停車位的房屋稅。但是只要是收費式停車位，就得看收費金額高低決定是不是否免稅。需特別注意的是，若停車場空置或未經核準變更使用，則仍需課徵房屋稅。

而房屋現值申報規定大致是，只要是新建的房屋，就應該在房屋建造完成日起30天內，向當地稅捐稽徵處索取房屋稅申報書，申報房屋現值及使用情形，假設有增建、改建、變更使用或移轉承典時也要進行申報。

另外，在進行房屋買賣時，房屋稅的分攤都是以交屋那天為準，也就是說交屋前的房屋稅由賣方負責繳納，交屋後則由買方負擔，所以買賣雙方若要清楚計算房屋稅，則可將房屋稅款除以十二個月，就可計算出雙方各需繳納的稅款是多少。

同時，買賣雙方也可以在契約中就議定好房屋稅及地價稅的負擔方式，通常可以向稅捐機關申請分單繳稅的方式，由買賣雙方就各自居住的月份繳交房屋稅；或者由一方先支付費用，另一方再補貼費用，或是在買賣價中加減，以減少彼此的麻煩。

只是要注意的是，如果前一任屋主將房屋登記為營業用，將適用三%的房屋稅率，在下一個買方買下後，卻沒有用做營業用途時，就要注意代書是不是有替買方變更使用用途。如果是購買預售屋，購屋者則應注意「使用執照」或「建物登記謄本」上，該層的使用用途是否登記為住宅？如果不是，則應主動向稅捐機關申請房屋稅用途變更，以免多繳房屋稅而不自知。最後提醒大家的是，房屋稅單每年自五月一日起將由各縣、市區（市）公所寄出，如在五月三十日前仍未收到時，應立即向該區（市）公所或該管稅捐稽徵處申請補發，否則，超過徵收期間每超過兩天，就會將按照應納的稅額一%課徵滯納金，最高累積到一五%為止。而納稅義務人是不能以未收到為理由，拒絕繳納滯納金。

■ 房屋稅要繳多少？

類別	稅率	教育捐
住家用	1.2%	無
營業用	3%	台北市另加房屋現值的1%做為教育捐 台灣省則另加收房屋稅本稅額的30%作為教育捐
取得工廠登記證之合法工廠	1.5%	台北市另加房屋現值的1%做為教育捐 台灣省則另加房屋稅本稅額的30%作為教育捐
非住家非營業用，如補習班、私人醫院、診所、自由職業事務所、人民團體等使用房屋	2%	無
同時做住家用及非住家用（但非住家用者課稅面積最低不得少於全部面積的1/6）	以實際使用面積分別按住家或非住家稅率課稅	—

資料來源：作者整理

什麼情況下我不用繳房屋稅？

1. 被經過立案、完成財團法人登記，而且辦理具有成績，經主管機關證明的私立學校及學術研究機構拿來作為校舍或辦公使用的房屋。
2. 被經過立案後，不以營利為目的，完成財團法人登記，辦理具有成績，經主管機關證明者的私立慈善救濟事業直接拿來作為辦理事業使用的房屋。
3. 專供祭祀用之宗祠、宗教團體、專供傳教佈道的教堂及寺廟。
4. 無償提供政府機關公用或軍用的房屋。
5. 不以營利為目的，並經政府核准之公益社團所自有，而拿來辦公使用的房屋。
6. 飼養禽畜的屋舍、培植農產品的溫室、稻八育苗中心作業室、人工繁殖場
7. 抽水機房舍、農民自用的燻菸房、稻穀及茶葉烘乾機房、存放農機具倉庫及堆肥舍等房屋。
8. 受重大災害，毀損面積占整棟面積五成以上必須修復始能使用之房屋。
9. 司法保護事業所有之房屋。
10. 住家房屋現值在新台幣十萬以下者。
11. 農會所有之倉庫，專供糧政機關儲存公糧，經主管機關證明者。

■ 我的房屋稅可以減半嗎？

□1.政府平價配售之平民住宅。
□2.合法登記之工廠供直接生產使用之自有房屋。
□3.農會所有之自用倉庫及檢驗場，經主管機關證明者。
□4.受重大災害、毀損面積占整棟面積三成以上不及五成之房屋。

資料來源：作者整理

■ 收到房屋稅單檢查表

□1.核對課稅之不動產地址是否為自己所有。
□2.課稅稅率及月份是否按使用現況計徵。
□3.課稅金額是否正確。
□4.稅單有無重覆開單。

資料來源：作者整理

■ 申請或變更房屋稅相關事項時，我要準備什麼？

申請項目	應備書表及證件	申請程序
房屋使用情形變更	房屋使用情形變更申請書一份 有關證明文件 房屋稅稅單影本	由納稅義務人於使用情形變更之日起30日內向本處或分處申報
房屋納稅人名義證明	房屋納稅義務人證明申請書一份 房屋稅稅單影本	由納稅義務人向稅捐處或稅捐分處申請
房屋稅籍證明	房屋稅籍證明申請書一份 房屋稅稅單影本	由納稅義務人向稅捐分處或稅捐處申請
房屋納稅義務人名義變更	1. 已辦理所有權登記：填寫房屋建號及基地坐落地段、地號，免附證件。 2. 未辦理所有權登記： A.繼承系統表。 B.遺產分割協議書。 C.遺產稅繳（免）納證明書。 D.拋棄繼承者，請檢附繼承拋棄書或法院核准備查文件。 E.其他有關文件。	依據鄉鎮市公所通報之契稅申報書自動辦理
房屋稅減免	房屋稅減免申請書一份（無規定格式，以一般用紙自行書寫並敘明事由） 申請減半課徵案件應檢附工廠登記證影印本一份。	由納稅義務人於減免原因發生時向稅捐處或稅捐分處申請

資料來源：作者整理

第3節：別忽略買賣房屋的稅─契稅

「契稅」簡單來說，就是在房地產產權移轉或變更時，訂定契約時要付的契約稅。一般會發生在建物買賣、贈與、交換、分割等移轉時，以及設定典權或因為房地產被占有申請釐清所有權時，依法要由後來取得所有權、典權人或占有人按契約所載明價額的師二～六％申報繳納。

而契稅的稅率，如果是買賣、贈與和占有的話，課徵契價的六％，典權則是四％，其餘為二％。申報的日期是，在契約成立那天起三十天內，填好契稅申請報表、檢同產權契約與書狀，憑證向當地主管機關申報契稅。

■什麼情況下我可以不用繳契稅？

1. 因繼承而取得不動產所有權者。
2. 已開徵土地增值稅區域之土地移轉。
3. 各級政府機關、地方自治機關、公立學校，除供營業用者以外，因公使用而取得之不動產。
4. 政府經營之郵政、電信事業，因業務使用而取得之不動產。

5.政府因公務需要，以公有不動產交換，或因土地重劃而交換不動產取得所有權者。
6.家庭農場因擴大經營規模或共同經營，在同一農產專業區內交換農業用地，經直轄市或縣（市）農業主管機關證明。
7.在工業區內承購新興建之標準廠房。
8.營利事業為促進合理經營，依照促進產業升級條例第十三條規定，經經濟部專案核准、合併成為生產事業者，其因合併而發生之契稅。
9.政府興建之國民住宅，其未出售者，依照國民住宅條例第十五條規定，免徵買賣契稅。

第4節：弄清楚另一個固定稅—地價稅

至於「地價稅」，也是一般屋主每年必繳的稅賦。稅率不高，大概是所持分的土地公告現值的〇．二％～五．五％左右，其中與一般小市民最息息相關的自用住宅稅率就只有〇．二％。

地價稅是由直轄市或縣市為主管機關，每年徵收一次，繳稅期間是每年十一月一日到三十日止，是以八月三十一日當天土地登記簿上所記載的土地所有權人為納稅義務人，所以即使在這個時間點之前就把土地賣出了，但只要還沒辦妥登記手續的人，依稅法規定賣方仍是納稅義務人。因此，若是買賣中古屋時，買賣雙方可於買賣契約中先言明雙方各應分擔哪幾個月的地價稅，這樣對彼此都較為公平；至於在預售屋方面，建商通常為規避增值稅，都會儘量趕在六月底前便將土地過戶給購屋者，在這樣的情況下，購屋人仍須負擔整年的地價稅，所以購屋時對各種稅賦的負擔，應事先和建商溝通，否則吃虧的還是消費者。

另外，**九月二十二日為申報適用自用住宅優惠稅率的最後期限，因一般地價稅基本稅率為一％，自用住宅用地的地價稅率為〇．二％，兩者相差整整五倍**；因此，購屋者如果符合自用住宅優惠稅率時，就千萬不要錯過良機，可節省一筆可觀的稅賦。

值得注意的是，與土地相關的稅賦還有「土增稅」。由於土增稅是由賣方繳納，因此若公告現值調整幅度較高時，賣方的成本負擔加重，尤其對於持有不動產年期較長及土地持分比例較高的賣方，隨著土地公告現值年年調漲，持有成本不斷推高，日後售出時將繳交為數可觀的稅率，因此民眾得不定期地注意公告現值的變化。

至於，在掌握了公告現值後，如何減輕土增稅負擔？由於現行土增稅計算多採用公告現值為移轉現值的申報標準，因此賣方為減輕負擔，往往希望能趕在公告現值調整以前將土地過戶給買方。因此，在每年七月一日公告現值調整以前，都會出現民眾搶申報土地移轉登記的現象。不過值得注意的是，依法令規定，只要申報人在訂約日起三十天內申報土地移轉者，就以訂約當期公告現值為準，也就是說，只要您在六月三十日以前簽約並於三十天內提出申報，便可適用六月三十日以前的公告現值。

在這分享一個小技巧。**由於目前成屋市場只要在六月三十日前收取訂金，而且在收定日期中註明將在七月份簽約者，均可適用六月三十日以前的公告現值，因此賣方可使用這種方法來減低稅賦。**

另一特別值得注意的是，假使您購買的是預售屋，在簽訂契約時就應在契約書中與建商明定土地過戶的時間，因為有些建商為規避稅負，會在契約書中寫明增值稅由買方負擔，但由於預售屋從簽約到興建完成，短則一年長則兩年以上，這對購屋人而言並不划算。

■哪些私有土地可以免稅？

1. 財團法人或財團法人所興辦，業經立案之私立學校用地、為學生實習農、林、漁、牧、工、礦等所用之生產用地，及符合主管教育行政機關所訂管理辦法之員工宿舍用地，經登記為財團法人所有者全免。但私立補習或函授學校用地，均不予減免。
2. 經主管教育行政機關核准合於「私立社會教育機構規程」規定設立之私立圖書館、博物館、科學館、藝術館及合於「學術研究機構設置辦法」規定設立之學術研究機構，其直接用地全免。但以辦妥財團法人登記或係辦妥登記之財團法人所興辦，且其用地為該財團法人所有者為限。

3.經事業主管機關核准設立，對外絕對公開，並不以營利為目之私立公園及體育館場，其用地減徵五〇%；其為財團法人組織者減徵七〇%

4.經事業主管機關核准設立之私立農、林、漁、牧、工、礦試驗場，辦理五年以上，具有試驗事實，其土地未作其他使用，並經該主管機關證明者，其用地減徵五〇%。

5.經事業主管機關核准設立之私立醫院、捐血機構、社會救濟慈善及其他為促進公眾利益，經由當地主管稽徵機關報經省（市）主管機關核准免徵者外，其餘應以辦妥財團法人登記，或係辦妥登記之財團法人所興辦，且其用地為該財團法人所有者為限。

6.經事業主管機關核准設立之私立公墓，其為財團法人組織，且不以營利為目的者，其用地全免。惟以都市計畫規劃為公墓用地或非都市土地經編定為墳墓用地者為限。

7.經事業主管機關核准興建之民營鐵、公路或專用鐵、公路，經常開放並附帶客貨運輸者，其基地全免。

8.經事業主管機關核准興辦之農田水利事業，所有引水、蓄水、洩水各項建造用地全免、辦公處所及其工作站房用地減徵五〇%。

9.有益於社會風俗教化之宗教團體，經辦妥財團法人或寺廟登記，其專供公開傳教佈道之教堂，經內政部核准設立之宗教教義研究機構，寺廟用地及紀念先賢先烈之館堂祠廟用地全免。但用以收益之祀田或放租之基地，或其土地係以私人名義所有權登記者不適用之。

10.無償供給政府機關、公立學校及軍事機關、部隊、學校使用之土地，在使用期間以內全免。

11.各級農會、漁會之辦公廳及其集貨場，依法辦竣農倉登記之倉庫或漁會附屬之冷凍魚貨倉庫用地，減徵五〇%。

12.經主管機關依法指定之私有古蹟用地，繼續做原來使用而不違反古蹟管理維護規定且無收益者，全免。

第5節：快學會讓荷包不失血——節稅法

擁有不動產要繳很多稅，但相對的，這其中也會有不少節稅的良方。事實上不動產的交易或出租時，在申報綜合所得稅時都有節稅的方式與空間，納稅義務人除須了解稅法相關規定外，也必須著手準備相關的證明文件，才能於所得稅申報上爭取最有利的節稅空間。

在綜合所得稅的各類申報項目之中，與不動產交易相關而可能產生的稅務，大致可以分為四大類：一、售屋：財產交易所得、財產交易損失、重購自用住宅扣抵稅額；二、購屋：自用住宅購屋借款利息扣除額、重購自用住宅扣抵稅額；三、出租屋：房屋租賃收入；四、承租屋：房屋租金支出。

壹、售屋族「財產交易損失舉證」節稅法

以賣房子的屋主而言，最單純的情況是因為售屋產生所得，而最簡單的申報方法，則

是以「房屋評定現值」的固定比率計算出售屋所得。舉例來說，該房屋位於台北市，房屋評定現值為一百萬元，依財政部最新公告，出售的房屋財產交易所得標準為三七%，在申報所得時就需填寫財產交易所得為三十七萬元。

但如果是出售房屋的實際價格減去取得成本及移轉費用，計算出的財產交易所得較依公告現值計算出的還低，並能提供相關證明文件，也可以選擇按實際發生的價額申報。所謂「取得成本」是指取得房屋的價金與購入房屋達可使用狀態前的一切必要費用，包括契稅、印花稅、代書費、規費、仲介費等，以及在房屋所有權移轉登記完成前，向金融機構貸款購屋的利息暨取得房屋所有權後至出售前，支付能增加房屋價值或效能、且非二年內所能耗竭的增置、改良或修繕費，而「移轉費用」則包括仲介費、廣告費、清潔費及搬運費等。也就是說，屋主當初購屋時，付出的相關稅費、仲介費和代書費等，以及購屋之後的裝修費用，加上購屋之前付出的利息，如果能夠提供相關證明文件，都可以扣抵。

此外，若屋主是以低價賠售，則依據所得稅法規定，財產交易損失可扣抵當年度的財產交易所得，如果當年度不夠扣抵，可以由之後三年的財產交易所得扣除。所以最好先將買進和賣出的相關文件準備齊全，做為報稅時列報扣除的憑證。

貳、購屋族「自用住宅購屋借款利息扣除額」節稅法

而從買房子的納稅義務人來看，在資金運用的槓桿原則下，多數人買房子都會向金融機構貸款，在此建議，**如果購買自用住宅有向金融機構辦理借款，購屋借款利息也可以列舉扣除，每年扣除額最高為三十萬**。但每一申報戶以一屋為限，且房屋為納稅義務人、配偶或受扶養親屬所有，是以當年實際支付的該項利息支出，減去儲蓄投資特別扣除額後的餘額，申報扣除。

舉例來說，小明在去年度支出的購屋貸款利息共五十萬元，但他在銀行的利息收入有十萬元，在申報購屋借款利息時，需以五十萬元減去十萬元，得到餘額四十萬元，但是餘額已超過申報額度上限的三十萬元，因此只能以三十萬元作為申報。

參、換屋族「重購自用住宅扣抵稅額」節稅法

至於曾經以小換大、以舊換新的換屋族，在申報所得稅的時候，到底有沒有節稅的招數呢？其實，當民眾同時有購屋及售屋行為時，若購買的房屋價值大於出售房屋，是有機會可以依法申請自綜合所得稅額中扣抵或退還，也就是所謂的「重購自用住宅扣抵稅額」。

■換屋族運用「重購自用住宅扣抵稅額」節稅時，要注意……

1. 不論買進或賣出的兩間房屋皆須符合「自用住宅」的條件。
2. 購屋的價格必須高於出售的價格。
3. 兩間房屋產權登記的時間必須在二年以內。
4. 兩間房屋登記名義人為本人或配偶均可適用，不限於同一人。

安可曲：
焦點解析，熱門住宅全攻略

私房小語：
就算難度再高，
這些訊息輕鬆破解時下最主流屋型

看過了前四部曲後，想必，就算是從沒買過房的你，對於操作房地產的眉眉角角最起碼也能略知一、二了。但我寫到這兒，總還是覺得有所缺漏，因此為了避免遺珠之憾，也應觀眾要求（其實是我自己想談啦！），我特別加碼寫了安可曲，再將目前小市民在購屋買房時，經常遇到議題，就自己的淺見和大家分享。

其實，目前占據最多媒體版面的房地產新聞，除了房價有多高、政府怎麼打房外，被討論最多的不外乎是捷運宅、和都更屋了。尤其是捷運屋，自從一九九六年台灣進入捷運時代後，這十多年來，捷運可說是主宰著房地產的發展，不僅小市民要逐捷運而居，連建商也都逐捷運而蓋。就算是虧損連連的高捷，近捷運的房子還是會比沒緊鄰捷運的有價值，只是捷運宅人人愛，致使價格水漲船高，讓她的進入門檻變高，因此怎麼與捷運為鄰，就成了近幾年挑房經的顯學了。

前一陣子士林文林苑案，把都更的爭議吵得沸沸揚揚，也讓炒了幾年的都更屋站上了做與不做的分水嶺，甚至也使得行情飆高的準都更屋（老舊公寓）被人重新檢視價值。我只能說，都更值得期待，也有助於都市發展和居民生活品質提昇，但想買老屋藉由都更獲利，固然有夢，卻也隱藏風險，值得小市民注意。

第14章 捷運、捷運你的名字叫保值

「逐捷運而居」，在台北，已是房地產的顯學，而適逢油價飆漲，保值、增值的捷運宅更成為自住、置產以及投資的最佳選擇。事實上，鐵道運輸已是全球的趨勢，就連汽車工藝最先進的德國和日本在近年來都以軌道運輸為主要運輸工具，尤其在講求節能減碳，以及高齡化的社會，節能又親民的綠色運輸工具必為未來趨勢。拿捷運來說，一列捷運即相當可取代三十輛公車，再加上搭乘無障礙，因此興建捷運等軌道系統，仍是政策主流。但目前礙於經費問題，部分都市先採台鐵捷運化及輕軌等較低經費系統因應。

因此，為了順應朝流，根據政府規劃，未來幾年內，全台灣將陸續在台北、新北、桃園、新竹、台中、嘉義、台南、高雄等八大都市興建一九條新捷運，預計新增二五〇個捷運站，而經行政院核定，並已動工或即將興建，到二〇一七年前會通車的捷運站就高達一百四十三個。

雖然在這一波全台的捷運興建潮中，為了節省經費，部分都會區是採台鐵舊線加設車站，以達到捷運化的模式，許多人難免質疑，「台鐵捷運化」不是真捷運。但儘管台鐵受到舊系統先天限制，班次和站距不如正統捷運，但換個角度想，由於其多半為舊地改建，不用徵地、興建快速，再加上行經各都市精華地段，具備現成的人潮，商圈不用重新養成，效益可期。同時為方便搭乘，都會區的台鐵捷運設站亦盡量密集，如高雄市區台鐵地下化，就在一五・二六公里內，設了十個站，等於每一・五三公里即設一站，密度已與捷運相去無幾。

而另外，也有人耽心，從高雄捷運的例子來看，捷運似乎出了大台北地區後就沒那麼「神」了。但我的看法不同，畢竟捷運絕對是未來主流通勤運具，只是民情不同，運量需要養成。北捷一開始就承繼了公車人口，加上路網綿密，因此捷運族成長驚人。而只有兩線的高捷，運量雖遠不及北捷，但相較於北捷營運初期，淡水線加木柵線月運量為二百三十八萬人次，還低於高捷第一年月運量三百七十二萬人次，顯見高捷大有可為。其次，原本高雄人搭大眾運輸工具人口為每年三千萬人，現也已達九千萬人。

重點是，以台北經驗來看，捷運宅最佳購置時期為通車前五年內，因此可預見的是，從現在起，將是全台「瘋捷運宅」的黃金時期！只是攤開現行各大捷運站附近的房價，價差竟可大至十數倍，呈現「同是捷運宅，命運大不同」的特殊狀況，面對捷運大爆發時代，如何掌握購屋關鍵，「看懂捷運，挑對捷運宅」則是未來所有想進場的購屋一族不得不學的新課程。

第1節：19條路線陸續出爐，開創捷運新時代！

自從一九九六年捷運木柵線通車後，國人的生活與捷運關係越來越緊密，而在不遠的未來，所有台灣都會區都將被捷運改頭換面，台灣不可避色的進入了捷運時代。目前大台北已有九條捷運營運，加上高雄紅橘兩線，若再將大台北、新竹和台南已通車的台鐵捷運化路線加進來，截至二〇一二年底，全台已有一七三個捷運站，五三九個捷運站口，每年的旅次高達六・一六〇四億人次，且還以一二%的年增率繼續成長。

根據調查，談到買房子，有近六成表示願逐捷運而居，甚至在捷運密布的台北市和新北市，以近捷運為購屋首選的更高達八成。房市的動能起於人潮，因此捷運也徹底地改寫了台灣人的購屋習性。

由於捷運可以提供多重效用，包括方便、節能、保值等！使台灣人對於捷運依存度日高。在路線綿密的都會區，幾乎在一小時內就能將乘客運送到都市的每個角落。加上油價高漲，具有省錢特色的捷運又加深了她的魅力！以目前捷運每公里平均票價約莫三元，雖然騎機車，以目前每公升三十五元油價計算，每公里只花一．七五元油資，但若加上車子的折舊和保養，換算回來，成本則墊高至四．七五元，足足比搭捷運貴了六成，更遑論是開車了！

其實省錢與方便雖然最常與捷運連結，但是對購屋族而言，捷運最重要的特性卻是「增值」！以台北市為例，二〇一一年在奢侈稅的空襲下，北市房價終止了自SARS以來的連八漲，每坪均價下挫了二．七九%，但在買氣一片疲弱下，距離捷運五百公尺以內的捷運宅卻逆勢揚升了四．九六%，而這一漲一跌之間，就差了將近八個百分點。又根據調查，台灣人平均願意加碼一～二成的錢購置捷運宅，台北市的狀況剛好不謀而合。二〇一二年初北市捷運屋均價五八．八五萬元，比起一般行情五十二．二萬元則恰好高出了一成多。

由於捷運宅已被視為增值的保證，因此不論是買賣家，或是建設及金融業者，都對其另眼相看！分居台北市東西兩側的汐止及蘆洲，正可以看出市場對捷運的偏愛有多麼強烈。汐止緊鄰台北東區，是兩條高速公路交會地，又有科學園區加持，理應房價要水漲船高，但二〇一二年初新建案平均開價還維持在每坪三十多萬元，反觀位置邊陲，沒有快速道路和產業光環的蘆洲，卻因為捷運在二〇一二年通車，當地預售行情早已突破四字頭。至於房貸，

通車時程	所屬縣市	捷運線	站數	長度（KM）
2017	台北市	信義線（象山——廣慈博愛院）	2	1.54
	桃園縣	桃園段高架化	7	17.15
	高雄市	高雄市區鐵路地下化計畫	10	15.26
2018	台北市、新北市	萬大樹林線	22	22.1
	台北市、新北市	民生汐止線	18	19.78
	台南市	台南市區台鐵地下、捷運化	3	7.55
	嘉義市	嘉義市區台鐵高架、捷運化	3	10.9
計劃中	新北市	安坑線	10	7.8
	新北市	三鶯線	14	18.6
	台北市	社子輕軌（天母線）	11	8.8
	台北市	社子輕軌（大龍線）	10	9.1
	台北市	南北線	16	17.1
	新北市、台北市	台北環狀線北環段（五股工業區——劍南路站）	11 (不含劍南路站)	14.3
	新北市、台北市	台北環狀線南環段（動物園——大坪林）	5 (不含大坪林站)	5.6

資料來源：今周刊

■ 全台大捷運時代來了！

台灣8大都會區未來的捷運版圖規劃藍圖

通車時程	所屬縣市	捷運線	站數	長度（KM）
2013	台北市	信義線（中正紀念堂——象山）	6 (不含中正紀念堂)	6.4
	新北市、桃園縣	機場捷運線（中壢——三重）	21	49.03
	台北市	松山線	7 (不含西門站)	8.5
2014	台北市	機場捷運線（三重——台北）	1	2
	高雄市、屏東縣	高雄、屏東潮州捷運化計畫	6	19
	台中市	台中段高架捷運化	10	21.2
	高雄市	高雄輕軌水岸段	14	8.7
2015	台中市	台中捷運綠線	18	16.71
	新北市	台北環狀線（大坪林——五股工業區）	14	15.4
2016	高雄市	高雄環狀輕軌市區段	21	13.4
	新北市	淡海輕軌（綠山線）	10	7.34
	新北市	淡海輕軌（藍海線）	9	6.56

在銀行普遍認定捷運宅較有價值下，放貸額度較一般屋多個〇・五至一成，所以，你說捷運的威力大不大！

以往談到捷運帶來的種種便利性，通常只有台北、高雄兩大都會區居民會有深刻的感受，但未來幾年，整個台灣將興起「捷運大浪潮」。資料顯示，除了大台北地區動工興建中的數條捷運外，桃園、台中和高雄也將有新的捷運線誕生，就連新竹、台南、嘉義都隨著台鐵捷運化（仿效日本通勤電車模式，將市區鐵路高架或地下化，並加設據點密布的通勤車站），相繼成為捷運都市。總之，若以目前已動工或確定興建的新捷運來看，未來全台將增加十九條新捷運，這使得八大都市將多出二百五十個通勤車站，總站數將一下多達四百六十個。

面對如雨後春筍般的新捷運，產生一個意想不到的結果！未來在都會區，無論推案或民眾購屋，十之八九將無法和捷運切割，甚至以後在台北買非捷運房，恐怕很難！

由於台北人的捷運經驗最豐富，因此，對於「異鄉」興建捷運可能帶來的商機，總是快速反應。以目前捷運綠線正在施工的台中來說，經驗豐的台北人，已悄悄地逢低介入！據當地的代銷業者透露，位於文心路正在施工的捷運站某個案，就有台北投資客一舉買下八戶，這位買主出手之快，讓接案的銷售人員十足震撼，但沒想到買主竟不以為意的回應：

「怕啥！？捷運就在旁邊，還怕無法增值！」

第2節：誰說捷運都一樣值錢，4大因素定命格！

但是！捷運真的是投資的萬靈丹？根據房仲所提供的數據發現，同樣是捷運宅，命運卻大不同。以二〇一二年初的行情來看，全台最貴的捷運宅每坪單價高達八八・一萬元，此價格出現在台北南線上的忠孝敦化站，相較之下，是高捷橋頭火車站七・一萬元的一二・四倍，換言之，在忠孝敦化站買一間房，在橋頭火車站買了十二間還有找。姑且撇除南北差異，同樣在台北市，忠孝敦化站的房子也能換得二・六三間忠義站的房子。就連相鄰的兩站，房價往往兩樣情，拿木柵線的六張犁和科技大樓來看，只差一站，每坪單價竟差了二十三・六萬元，差距達四六・三六％，而南港軟體園區站更比前一站的東湖站貴了五七・二八％。

面對將來到處都可以買到捷運宅，消費者一定要有以下認知，捷運雖然肯定會對房地產價值加分，但站與站間巧妙各有不同，最怕的是買了被市場過分包裝、價格被高估的房子！因此未來買房，如果一味的只是搶捷運宅，可能到頭來結果大不如預期！

任何商品要大賣，重點是能否符合「人的使用習慣」，買房或是買捷運宅，也要從這個角度來切入，如此才能立於不敗之地。其中，時間距離、地域差異、硬體設計、都市計畫等是4個主導捷運房價的關鍵因素。

關鍵因素一：距離差異，圈內圈外兩樣情

通勤三十分、票價三十、步行七分鐘，黃金距離算價值

購買捷運宅要注意「三三七七」原則，也就是通勤三十分、票價三十元、捷運坐七站、走路七分鐘的。為何？

曾有專業媒體作過調查，捷運族能接受從家裏走路到捷運站最長時間平均是七分鐘，以一般人步行速度每分鐘平均五〇公尺，折合距離約莫是三五〇公尺，這意謂著捷運周遭步行七分鐘或三五〇公尺是為捷運宅的黃金距離，出了這合理範圍，恐怕就不被購屋者買單了。而再看一般上班族認定從家裏出發到公司可忍受最長通勤時間，大概是半小時以內，若扣掉從住處到離家最近的捷運站，以及下了捷運後到公司的時間，通勤族實際搭捷運的時間約十五分鐘，換算回來，則是六至七站，票價大約是三十元。

用一個具體的例子來說明「三三七七」原則的運用，我們以上班族集中的地區往往推，就可以得出捷運可以發揮最大效用的範圍。超出範圍之外，可能對你個人而言仍是好

選擇，但捷運宅燙金的光環可能並不適用。以大台北出入人次最多的捷運站——台北車站為例，假設以其通勤終點，幅射出去，包括板南線的亞東醫院站、淡水線的芝山站，蘆洲線的徐匯中學站都將在合理的範圍內。

關鍵因素二：地域差異，縣市想法大不同

價格認定、空間距離、搶手程度，投資要順民意

捷運的效用，會因為區域特性而有增減，有些地區的民眾依賴自用交通工具上下班之比重高，對通勤時間的忍受度自然較低。諸如此類，全台民眾對於捷運的依存度、所認定的捷運黃金距離，以及捷運宅的價值都呈現南北兩樣情。

以對捷運的依賴狀況來看，台北市民以捷運為主要通勤運具的比例高達六成，與以機車為主要代步工具的高雄相比，就大不相同。到目前為止，已是捷運都市的高雄市捷運族只有二三％，間接說明了何以高雄捷運宅的搶手度遠不及台北，這對於想要跨區投資捷運宅的人，十足關鍵。

如果台北、高雄民眾對捷運的依賴度不同。你又怎可以認定每個地區的民眾願為捷運住宅加碼的幅度相同。依據某媒體調查結果顯示，新北市民眾願為捷運宅加碼的幅度最大，

達一三%左右，若以新北市三〇坪住宅平均房價為七百七十七萬元計算，加碼金額則為一百萬左右，而台北市人也願意多加一二・五%，以北市平均總價一千五百六十六萬元來算，加碼幅度已將近二百萬元，相較之下，高雄人僅願加碼一成左右，以當地房價折算，其加碼金額只有三十五萬元。如果台北人以台北的標準南下買捷運房，那麼真是傻的可以！

關鍵因素三：站體屬性，加分效應差很大

雙捷運站、共構大站、終點站，複式好站為首選

捷運站也有分等級！兩條捷運線交會的雙捷運站與高鐵、台鐵匯集的共構站，以及為公車主要轉運據點的轉運站。是捷運站中的貴族，人氣遠超過同一個城市，甚至是相鄰的捷運站。如北捷流量最高的超人氣站台北車站，不僅是淡水線和板南線交會的雙捷運站，更是高鐵、台鐵匯流的共構站，一年旅次流量就高達五六一五・六萬人次。而板南線上的忠孝新生站隨著蘆洲線通車，由單捷運站變為雙捷運，至今流量也大增了一五・九%，房價更上揚了一二・三九%。

另外像同為與台鐵、高鐵共構的北捷板橋站以及高捷左營站，都是當地的十大人氣站之一，反應到房價，板橋站的均價四九・五萬元，居新北市之冠，而房價一五・六萬元的左營站雖非為高雄之最，卻以一六・四%年漲幅技壓群雄。至於，新北市第一大人氣站——新埔站，則拜不少新莊、中和的公車族前來轉乘捷運之賜，在轉運效應下每年吸引一四五〇萬人進出，而在人潮的推升下，新埔目前的平均房價為四十三・四萬元，堪稱為新北市的黃金地段。

轉運大站往往也會出現在捷運線的終點站，以蘆洲站為例，就吸了不少來自於八里、五股通勤族跨區前來搭捷運，甚至移居至此，這使得原本偏僻的蘆洲站，通車一年多以來，房價大漲了一五・〇四%，每坪單價順勢站上了三字頭（三〇・六萬元）。

關鍵因素四：開發差異，都市計畫決勝負

複合商圈、都市重劃，錦上添花通任督

人的命運由八字決定！房地產的價值由都市計畫定調。因此捷運站旁商圈、重劃區等都市計畫的樣貌就會深深地左右著該站的房市。以板南線來看，由於其行經了新板特區、台北站前、忠孝東路以及信義計畫區等四大超級商圈，全線年度運量就高達二・五三億人次，比第二大線淡水線，人潮高出三成，堪稱為「捷運黃金線」。而人潮帶動房價，北捷的前十大人氣站，板南線就囊括了七個站，應證到房價，北捷房價最高的十大黃金站中，板南線也占了一半。

頭銜	捷運站	年度流量	房價	房市價值
全台增值最多	新店站	339	38.6	受惠新北市升格以及環狀線動工等利多加持，被視為新北市大安區的新店，5年房價成長 1.3 倍，備受投資及置產族青睞
台北增值最多	科技大樓站	481	74.5	5 年來房價成長 90.05%，為台北市之最，過去因地處市中心邊陲房價委曲，近年則明顯展現補漲行情。
高雄增值最多	文化中心站	107	16.3	為文教優質商圈，近年多起豪宅建案在此推案，推升了附近行情，目前新建案平均單價已上看 3 字頭。
房價最委曲	永寧站	529	25.4	台北捷運各站房價最低，但其為板南線末端，為三峽、鶯歌轉運至北市的重要據點，未來並與萬大樹林線交會

註：1.年度流量為2011年各站出站人次，單位：萬人
　　2.房價為2012年各站周遭500公尺內現行房價，單位：萬元／坪

資料來源：今周刊

■ 照過來，全台哪些捷運站最夯

全台捷運站之最

頭銜	捷運站	年度流量	房價	房市價值
全台人氣最旺	台北車站	5615	53.1	為全台北，甚至為全台的通勤中心，適合投資商辦、租屋、店面等通勤族概念房地產產品
新北市第一大站	新埔站	1451	43.3	拜集結中和、新莊等通勤族轉運，為新北人流量最大的站，甚至超越忠孝敦化，房價卻低於台北市，最適投資包租
高捷人氣之最	高雄車站	515	15.6	為捷運、台鐵共構站，目前台鐵地下化及捷運化工程已近完工，未來高鐵更預定延伸至此，通勤機能可期
全台房價最高	忠孝敦化站	1415	88.1	具大安區黃金門牌，又有忠孝及敦化商圈名店、百貨加持，住宅、店面價格水漲船高，為陸資及台商獵店置產首選
新北市房價最高	板橋站	1111	49.5	為台鐵、高鐵、捷運三鐵共構站，受惠於新板特區開發成功，被視為新北市的信義計畫區，商圈人潮明顯成長。
高捷房價最高	三多商圈站	374	19.5	大遠百、SOGO、新光三越、八五大樓等知名百貨和地標齊聚，有高雄的曼哈頓之稱，隨亞洲新灣區陸續開發，前景可期

這項效應在高雄一樣行得通。高捷的流量前五名的大站，巨蛋、三多、中央公園、左營，都同時擁有百貨商圈加持，其中房價每坪十六・六萬元的巨蛋站，更是高雄房價最貴的五大站之一，自高捷通車以來，已上漲三成七。

誠如房地產界最老生常談的一句名言：「機會是給準備好的人！」在捷運大時代來臨之際，只要做好功課，搞懂捷運，挑對捷運宅，你將會是下一個房市贏家喔！

第3節：不要誤飲捷運迷魂湯，4大迷思要化解！

只要一談到賣房子，無論建商、房仲甚至一般賣方都莫不想方設法與「捷運」兩個字攀親帶故，為的就是能藉由捷運的鍍金效應，讓手上的房子賣到好價錢！因此不管房子是距離捷運站是三百五十公尺或是八百五十公尺，在報章雜誌房地產分類廣告上一律會被冠上「近捷運板南線，一字頭房價輕鬆入住，三十分鐘快速進住台北市中心！」、「雙捷運效應，低價搶進未來捷運宅！」等字眼！但諷刺的是，同樣都標榜「捷運宅」，有的可以三年漲一倍，有的卻是等候多時，房價仍是不動如山，讓買主活活吃了悶虧。

由於大家會千方百計的與捷運扯上邊，因此，我要特別提醒，當看到以捷運為訴求的房子時，小心！別以為統統是黃金！雖然有捷運一定是加分的，但加的分數南轅北轍，買到的是金、是銅，就得各憑本事。因此，如何破解捷運宅廣告美麗的外衣，看清真面目，是所有捷運族必學的一課。

迷思一：捷運也有負面效應，謹防高架、支線及迂迴捷運線

你搭文湖線時有沒有很愛看看沿線街邊二樓餐廳、美容院客人的百態；有沒有注意到不時出現的隔音牆？你看的開心之餘，是否發現捷運對周邊民眾也會產生負面效應？一般人看捷運，以為都一個樣，往往忽略硬體設計的差異，但這卻是最容易被賣方呼嚨而過的關鍵元素。高架或地下捷運，商圈效益就大不相同，尤其緊貼捷運線的房地產特別明顯！由於高架線容易造成噪音和景觀障礙，房價遠不及地下捷運站。

另外，某些捷運設有延伸支線，往往得經由主線轉乘，加上班次較少，人潮效益不彰，拿新店支線上的小碧潭站來說，年運量只有鄰近主線上七張站的七分之一。而新莊線和蘆洲線雖然都不是支線，卻由於行進台北市後匯成一線，因此列車必需錯班行駛，使得新莊或蘆洲的捷運族候車時間要比其他線多出一倍。

有趣的是，就連新莊線和蘆洲線也呈現價值差異。由於新莊線路線迂迴，捷運族由新莊進台北市中心，得先北繞至三重以及北市的民權西路，再往直角轉南接到忠孝新生站轉車，等於足足繞了一大圈，徒增通勤時間，相較於順向的蘆洲線，自然效益減半。

迷思二：不容玩弄距離定義，得以步行時間、動線距離雙重把關

步行7分鐘能到的才叫捷運宅！正因為捷運能鍍金，因此當買主上門時，賣方最愛提的即是靠近××捷運站，甚至攤開預售案的地圖，在巧妙的描繪下，從圖上目測，會讓人以為離捷運很近，但一般捷運族所能忍受的合理距離，普遍三百五十公尺內為限，但反觀坊間的房仲、建商則多半以五百公尺為上限，甚至不乏把空間拉大到一公里。

在兩個捷運站中間，但是都離很遠也是「假捷運」宅！由於捷運站比比皆是，不少物件標榜自己是兩條捷運交會雙捷運站，或介於兩站中間的雙捷運房，以突顯房子的價值高於一般捷運宅。但陷阱在於，所謂介於兩站之間，往往未如想像中的位於站與站間的中間點，反而是距離兩站都遠，只不過距離相當。

迷思三：魚目不容混珠，捷運血統純不純正效益「差一氣」

不要認為走在鐵軌上的就叫捷運，班次不夠密，價位不夠低，走在那裡都不能吸引人。由於捷運興建費用極高，部分都市採取以台鐵捷運化或輕軌捷運等耗資較少的方案替代。但這種所謂的「類捷運」，通勤效果與血統純正的「正捷運」存有落差！以台鐵捷運化為例，其站距較大，通勤機動性受限，同時列車班次密度低，相較於捷運每三至五分一班，台鐵捷運化少則八分鐘一班，多則恐得半個小時，若遇到與快車會車，更得忍受誤點之苦，因此台鐵捷運宅，通常不會是捷運族購屋的首選。

迷思四：通勤時間要確認，偏遠路線遠期路網購買宜慎

賣屋人告訴你的通勤時間，聽聽就好。許多新北市郊區建案最喜歡用「二十分鐘進台北市！」的口號。但真的聽聽就好！以機場捷運為例，由於號稱三十五分鐘就能從機場到達台北車站，頓時成為各大建案的口號，但關鍵在於，機捷分直達車和普通車，前者三十五分直通台北車站，但只停其中幾個大站，並只行駛到機場，換言之，若買房在機場以南到中壢路段，搭直達車必需得在機場站換乘普通車，而若選擇一路站站都停的普通車，總從中壢通勤到台北則得花上一個多小時，對於通勤北桃間的乘客，還不如搭高鐵和台鐵來的便捷。

另外，由於各大都市紛紛進行中長期捷運規畫，不少建商也拿來大做文章。在這裡告訴你一個故事，在一九九〇年代中期，土城一個建案大打廣告說捷運站有出口直接通社區地下室！結果當然沒這回事。建商告訴你建案在一個沒有見到影的遠期路網旁，那只是可能！千萬不要當真！

所謂外行的看熱鬧，內行的看門道，選擇捷運宅，你必需善用專業辨別玄機，睜大眼睛去除血統不純正的假捷運，才能買到真正保值的捷運好宅！

■ 小心！別被捷運的外表給騙了！

買捷運宅該問建商、房仲或賣方的八大問題

經典話術	該問建商的問題	判斷
當捷運的主人，近××捷運站	1. 實際動線距離（非直線）多遠？ 2. 步行距離多久？	動線距離 350 公尺，頂多至 500 公尺，且走路在 7 分鐘內
雙捷運站宅，價值倍增	1. 到兩個捷運站各距離多遠？ 2. 若為 2 條捷運交會，是否會設站，以及是否為共構站？	距兩個捷運皆需在 7 分鐘合理距離內才有價值倍增效應，而部分雙捷運線交會，並不設站或不是共構站，亦不具加乘作用
捷運通車在即，把握最後一班列車	1. 是正統捷運，還是台鐵捷運或輕軌捷運？ 2. 正確動工或通車時間是？	台鐵及輕軌等類捷運，雖仍有加分作用，但效益不如正統捷運，拿捏房價宜慎。 遠期路網不確定性高，莫急進，宜選近期通車或已動工的標的。
進台北市××分鐘，低價買進捷運宅	1. 需要換車或轉車嗎？ 2. 進台北市是指進台北市境內？還是市中心？	有些郊區捷運非一線進市中心，需多次轉乘，宜將轉乘時間加計。而快速進台北市，必需確定是進市中心，否則效益減半。

資料來源：今周刊

■ 放大眼睛，清楚辨別捷運血統

台灣現行四大捷運系統的超級比一比

名稱	特色
都市捷運	站距：1～1.5 公里 候車時間：3～8 分 搭乘便利性：高 缺點：施工期長，易造成交通黑暗期
台鐵捷運	站距：2～4 公里 候車時間：8～30 分 搭乘便利性：中 缺點：採對時班次，易誤點
輕軌捷運	站距：0.5～1.5 公里 候車時間：3～8 分 搭乘便利性：最高 缺點：施工期最短，但車速慢，與公車類似
機場捷運	站距：2～2.5 公里 候車時間：5 分 搭乘便利性：中 缺點：以遠距接駁為主，票價較貴

資料來源：作者整理

第15章

都更、都更你的心情叫等待

前一陣子鬧得沸沸揚揚的文林苑案，讓都更的美夢被拉回了現實，但我認為這也是個好發展，至少讓我們皆更正視了都更的風險，而不只是一昧地往好的方向去看。

事實上，整體事件，說穿了就像是，建商要娶王家，王家其實不想嫁，但也不表態，甚至想用高額聘金嚇退建商，但後來建商就自己去訂了喜餅、發了喜帖，讓彼此騎虎難下，雖然建商也多次協調了兩年，但仍然不成，最後決定請政府出面，於是政府強制執行將王家全部打掉，進而爆發了衝突。

而仔細想想，無論建商、王家和政府，統統都有問題。首先是王家，一開始他們放棄了透過法定程序表達意見的權利，採取消極參與的態度，使得後來一切的積極努力都注定付諸流水。據了解，文林苑案在二〇〇七年五月一日都市更新事業概要核准，二〇〇九年六月十六日事業計畫核定。這兩年間，王家連一次公聽會、審議都沒參加，他們沒想過，雖然過程中，王家曾口頭上拒絕，但這不代表法理上的拒絕，要拒絕這樣的一切，就得參加公聽會、審議。也就是說，如果王家在一開始積極地參與公聽會，強烈表達自己不願劃設（都更）的立場，投了反對票，事情的發展就會大不同。然而建商又犯了什麼樣的錯誤？據我觀察，建商為了確保現金流而開始預售的動作，完全抹煞了變更設計的可能性，這讓事情變得更僵。因為都市更新條例規定，當建商已經取得一〇%的人的同意時，就可以開始籌備公展所需的設計資料，用以博取更多所有權人的同意，如果已經取得了三分之二的私有地權人同意、三分之二私有合法建物人同意、四分之三私有土地面積所有人同意、四分之三建物總樓地板面積所有人同意後就可以開始進行都市更新，之後進入主管機關審議。

在這兩年中，建商其實是可以直接請台北市政府「依法」強制執行的。但是他們沒有，從這點中，還是可以看出建商釋出的善意與誠意。但最後就是預售這件事情把他們逼急了，預售讓他們沒有修改設計的可能性，違反已經預售出去的合約，結果就是百分之一百的破產。但最倒霉的還是已經搬出去租屋的原住戶及買了預售屋的人。至於，政府也有錯。政府唯一犯的錯是在表態的層面，沒有把事情的原委好好交代清楚，所以看似偏袒建商，才讓輿論大加撻伐。

因此，從文林苑這一課，我要和所有想參予都更的小市民共勉，如果你家被劃進了都市更新範圍，一定要積極地參與公聽會表達自身的意見。而也想提醒政府，要對於都更案到底要用共識決或多數決得要有清楚想法，有了法律後也要時時對民眾宣導，別讓文林苑的事件再重演了。

第1節：期盼價格翻倍—都更的誘因

身居在台北市，你可能不知道，在你生活的都市叢林裏，屋齡滿二十歲以上的老舊公寓竟然占了三分之一強，面對這樣的狀況，或許你不曾在乎，但其實這些高齡化的建築，對你的生活品質影響甚鉅！試想，矮小的舊公寓，她無法像高樓大廈向天爭取空間，於是占掉了讓你休閒呼吸的美好公園；而拉坯的外皮，也讓整個都市景觀蒙上一層老態龍鐘的舊衣，甚至缺乏系統化規劃、管理的社區，更威脅您的居家安全……。正因為如此，能讓整個城市「回春」的都市更新，就成了晚近台北市政府、產業界和民眾積極運作的「顯學」！

台北市政府統計，從二〇〇二年至二〇一〇年三月為止，全台北市共有九十二起施工中的都市更新案，另還有二十個以上的「更新單元」已經劃定，特別是台北市政府都市更新處更放寬了台北市四、五層公寓的容績率限制，讓老公寓住戶可以換得和過去室內坪數相同的房屋，還加上一個車位，成為都更的最新、最大利多，確實讓不少老公寓居民「心癢癢」。

簡單來說，都市更新除了希望讓眾多老屋得以脫胎換骨，更希望藉此能提升整體居住的品質，活化都市機能，甚至進一步帶動國內產業、活化內需經濟。因此，總括而論，其主要擁有美化市容、活化空間、刺激房市和產業發展等四大利基。

誘因一：美化

其實都更最直接的好處是讓原本老舊的建物變得舒適美觀，讓都市街景煥然一新，得以解決老建物在結構上對公共安全造成的疑慮。根據台北市都市更新處統計，台北市有超過七成的建物屋齡在二十一年以上，其中四、五層的公寓就大約有二十九萬戶，以每戶四人計算，相當有一百一十六萬人住在二十至三十年的老公寓中，而這些「年老色衰」的公寓不僅影響市容，往往也有公共安全上的風險，所以都更的確有其必要性。此外，藉由都更，更可以提高都市形象與國際接軌。

誘因二：空間活化

另外，台灣的人口過度集中於台北市，偏偏台北市腹地有限，商業活動又與日俱增，因此若能將低矮的老舊建物改成大樓，一來可以增加樓地板面積和坪效，另一方面又可藉由公部門規劃，將都市發展的和建築的新概念植入，例如開放空間、綠地釋放，讓土地和建物皆能得到充分的利用，使價值發揮至極致。

誘因三：刺激房市

除了對都市發展產生正面幫助外，對於住民來說，藉由都更，這些「老住民」最直接的受益點是可以住進新宅，提昇生活品質，而且透過政府容積率的獎勵，用增加的樓地板面積來支付營建成本，甚至可以不用再花錢。更吸引人的是，都更後的新房子，房價也會水漲船高，以目前台北市部分都更後的房子來說，房價爆增一倍的不在少數。

誘因四：產業發展

更長遠來看，都更還能起火車頭之效，如營建業、家具業，甚至保全業的成長，達到刺激內需之效。「時間、政策、市場、觀念都到位，台灣，特別是台北市，已經正式邁入都市更新的時代。」都市更新聽起來似乎確實是讓城

■ 都更的流程

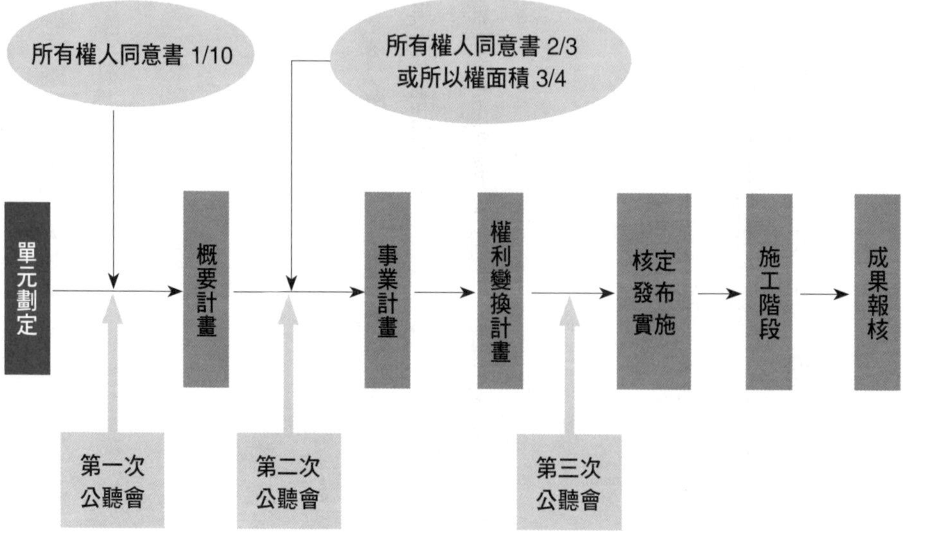

資料來源：作者整理

市麻雀變鳳凰的美事，能同時改善生活品質，又能刺激內需的好方法，然而都市更新真是一件完美無缺的好事嗎？

第2節：假如我是王家－都更的風險

但值得一提的是，在美夢的背後，仍隱藏著不少的難題！

難題一：時間

首先，由於都更的流程相當複雜冗長，其中得經過不少關卡，光是案子申請，耗時一年半已經是快車了，花上三、四年則是家常便飯，若再加上施工，據估算，北市每起都更案，平均完成天數為二千八百天，也就是七．七年。因此，想發都更財的人，除非有一筆閒錢可和時間拔河，否則在來不及嚐到房價翻漲的果實前，恐得先秤秤自己的斤兩。

難題二：人心

「都更最大的問題在於『人』！」由於不少民眾對都更認知有限，擁有過度且不合理的期待，再加上都更的想像利益龐大，很容易造成住戶、建商、相關政府單位的猜忌和不信任，讓共識形成難如登天，畢竟，未必每個住戶都願意更新，又有改建時期的暫時搬遷之地如何協調等問題，往往徒讓「都更」美事曠日廢時，甚至破局。

難題三：成本

由於都更建築成本高昂，再加上銀行貸款利息以及原物料上漲的風險，並非現有住戶所能負擔的，因此多半是由住戶提供土地，建商負擔相關費用，最後住戶分回新屋，建商則由銷售所配得的房屋來回收利潤，這種類「合夥」的生意，即住戶以土地換股、建商以資金入股，一但進行順利，兩相得利。但假設銷售不如預期，則會衍生出許多難解的問題。

■ 都更與合建哪個好？

項目	都市更新	一般合建
同意門檻	2/3 以上多數同意	100% 同意
都更容積獎勵	最高 1.5 倍獎勵	無
地方政府容積執行	台北市：水岸、老舊社區、交通樞紐及科技產業軸容積再加倍給予。 新北市：捷運沿線500公尺容積增加一倍。	無
分配	權力轉換有政府監督審核	建商、地主私下協議
租稅獎勵	房屋稅： 更新 2 年內減徵 50% 地價稅： 更新期間免徵 更新後 2 年減徵 50% 土地增值稅： 更新後第一次移轉，減徵 40% 契稅： 更新後第一次移轉減徵 40%	依法徵收
程序	需按都更法定程序進行	沒有特定程序
花費時間	時間較長，約 3 至 10 年不等	時間較短，約 2 至 3 年

資料來源：作者整理

第3節：別再遇到王家—都更的要訣

想要賺到都更財，必要的功課一項也少不好，建議民眾在挑選都更概念屋時，得掌握地點、屋況和建商三大主要原則。

要訣一：看地點

首先，既然要講都更，就要看屋子是不是在更新的範圍內，依照北市府規定，因應重大災害、居住環境老舊等問題或是配合重大建設，主動劃定應進行都市更新的區域，一旦位於上述之區域，即可啟動都更，但若不在劃定區內，地主亦可自行申請劃定為更新單元。

另外，都更要做得起來，區域房價一定要達到一定的水平，如此一來對於建商和住民才具備誘因。拿大台北地區來說，台北市起碼要每坪四十萬元以上，而台北縣則要三十萬，堪稱為都更的入門票。目前台北較被看好的，像是杭州南路的華光社區、士林舊市場區、基隆路、仁愛路口的市民住宅、萬華區、大同區、中正區沿河路段等。

要訣二：看屋子

除了區位，屋子本身的條件，也決定了是否能拿到都更入門門票。具「都更相」的潛力屋多半有幾大特色：

首先，是商業區的房子優於住宅區的。因為因商業區的容積率大，較具改建或重建誘因，尤以商四最優，因為其容積率高達八〇〇％。另外，四層樓以下、三十年以上、戶數少、店面少、少加蓋、少增建的老屋最好，最主要是，這類型的老屋協調整合最容易，亦最易啟動都更。

而土地持分高、原容積未用完、臨大馬路（路越寬越好）、坐落豪宅聚落周邊、五百坪以上完整街廓、捷運站五百公尺內、優質學區內的房子也容易都更，這種區域的房子，對建商而言，開發利潤最高，因而推動也較容易。有趣的是，地震紅牌危樓、海砂屋，由於住戶多半急著更新，共識也最易達成。

但有黃金屋就有地雷屋，以下幾類房屋，整合最為困難或根本不具開發誘因，因此想賺都更財，可得想一想。這些包括：店面戶數多（五家以上）；租金高之熱鬧商業區；巷、弄無臨大馬路；五層樓以上；附近老屋剛拉皮、剛整修；基地三百坪以下且不完整；一樓、頂樓有違建；有廟宇或祠堂以及容積率二二五％以下的，都不容易進行都更。

要訣三：選建商

值得注意的是，由於都更案，多半是由建商擔任實際執行角色。因此，應選擇信譽良好、注重居民需求和權利的建商，而不是懷著大撈一筆、惟利是圖的開發商。

「總之，都更是件值得期待的美事，但夢越美，就越容易幻滅！」都更之路，路迢迢，任一步驟都不可大意。此外，住戶還得謹慎評估自身財務風險，必需要備足銀彈，否則，還沒賺到都更後房價增值利益，就反先被房貸利息拖垮。

■ 與建商合作都更，你要注意的事

☐1.分配比例
☐2.租金補貼
☐3.分配樓層
☐4.建材要求
☐5.先簽一發起都更同意書
☐6.再簽一都更概要同意書
☐7.分配談妥後簽 - 都更事業計畫同意書

資料來源：作者整理

■ 都更時，建商不會告訴你的10件事

1. 都更雖然 2/3 同意即可強制執行，但政府頃傾向和平解決，別受建商威脅。
2. 建商協商先從一樓與頂樓，其餘沒籌碼好談。
3. 一樓、頂樓增建，也可爭取列入持分。
4. 與建商對分，分為總銷金額對分與總坪數對分兩種。要詳加分析比較利益。
5. 容積轉移是建商花錢換的，但住戶也可要求一定比例的分配。
6. 會被建商灌水項目，包括公設、陽台、停車位、車道、露台、大廳。
7. 建商常要求概要同意書、計畫同意書一起簽，但分配未達共識千萬前別簽。
8. 送照圖應在合約中明定，送審前邀請所有住戶一起審議，無異議後才能送審。
9. 分配別由下下上分，越高樓層越有價值。
10. 撐的越久領得越多。

資料來源：作者整理

國家圖書館出版品預行編目資料

先別急著吃房仲送你的棉花糖 / 李建興著； -- 初版 --
新北市中和區 ： 台灣廣廈 2013,2
面： 公分
ISBN 978-986-130-225-5 (平裝)
1. 不動產業 2. 仲介
554.89 101025851

先別急著吃房仲送你的棉花糖

作者 WRITER 李建興
出版者 PUBLISHING COMPANY 台灣廣廈有聲圖書有限公司
Taiwan Mansion Books Group
財經傳訊出版
登記證 局版台業字第6110號
發行人／社長 PUBLISHER／DIRECTOR 江媛珍 JASMINE CHIANG
主任 DIRECTOR 方宗廉 Ton Fang
地址 235新北市中和區中山路二段359巷7號2樓
2F., No.7, Ln. 359, Sec. 2, Zhongshan Rd., Zhonghe Dist., Xinbei City 235, Taiwan (R.O.C.)
電話 TELEPHONE NO. 886-2-2225-5777
傳真 FAX NO. 886-2-2225-8052
電子信箱 E-MAIL TaiwanMansion@booknews.com.tw
內頁設計 張晴涵
封面設計 張晴涵
法律顧問 第一國際法律事務所 余淑杏律師
製版／印刷／裝訂 詠富／皇甫／秉成
郵撥戶名 台灣廣廈有聲圖書有限公司
（郵撥4本以內外加50元郵資，5本以上外加100元）
劃撥帳號 18788328
代理印務及圖書總經銷 知遠文化事業有限公司
訂書專線 886-2-2664-8800
出版日期 2013年2月
網址 www.booknews.com.tw www.booknews.com.tw 博·訊·書·網